# 반퇴시대 나침반

# 반퇴시대 나침반

초판 1쇄 인쇄일  2017년 9월 8일
초판 1쇄 발행일  2017년 9월 15일

지은이  김용현
펴낸곳  도서출판 유심
펴낸이  구정남·이헌건
마케팅  최진태

주소  서울 은평구 통일로 684 서울혁신파크 미래청 1동 303B(녹번동 5-29)
전화  02.832.9395
팩스  02.6007.1725
URL  www.bookusim.co.kr
등록  제2017-000077호(2014.7.8)

ISBN  979-11-87132-16-5 13320
값  13,000원

도서출판 유심

방황하는 직장인을 위한 생애설계도

# 반퇴시대 나침반

김용현 지음

도서출판 유심

# 1인 기업가를 위한
# 진솔하고
# 성실한 길잡이

정년 고용 시대가 가고 이른바 반퇴(半退)시대다. 의도와 상관없이 몇 번의 직장을 선택해야만 하는 시대를 대한민국의 직장인들은 살아내고 있다. 뿐만 아니라 인간의 편의성을 위해 변화를 도모한 4차 산업혁명 진입, 그에 따른 반작용으로 사람의 역할이 대폭 축소될 수밖에 없는 '도구의 시대'와 만난 것이다.

《반퇴시대 나침반》의 김용현 저자는 20년이라는 짧지 않은 기간 동안 대기업에서 조직생활을 하면서 '반퇴 없이' 할 수 있으면서 소명도 가질 수 있는 '일'에 대해 고심해왔고, 마침내 회사에서의 능동적 반퇴를 결정했다.

이 책에는 저자가 반퇴를 선택하기까지 어떤 고민을 해왔는지, 그 후 어떤 적극적 태도를 취했는지가 담겨 있다. 또한 재직 중인 직장, 즉 큰 우산인 조직에 소속되어 있는 동안 어떻게 능동적인 효율성을 이끌어낼 수 있을지, 수동적으로 당하는 반퇴가 아니라 스스로 반퇴를 선택할 때는 무엇이 중요한지를 고스란히 녹여냈다.

1인 기업가로서의 출사표를 던진 지금, 그는 직장인의 고민과 1인 기업가의 고민을 누구보다 잘 알고 그에 대한 대답을 풀어낼 수 있다. 날마다 마음속으로 사표를 쓰고 있거나 반퇴를 숙고하고 있는 독자들은 이 책을 읽으면서 고개를 끄덕이게 될 것이다.

1인 기업가의 소명은 첫째도, 둘째도 공헌력에서 시작되고 유지된다. 저자는 일과 공헌력을 어떻게 연결할 것인가를 인문학연구원에서 오랫동안 연구해왔다. 그런 점에서 이 책은 무엇보다 진솔하고 성실한 길잡이 역할을 할 것이다.

책에는 두 가지 종류가 있다. 오랜 연구결과로 집대성한 전문가의 책과 경험이 녹아 있어 감동을 주는 진솔한 책. 이 책은 그 두 가지 면에서 독자를 도우려고 성심껏 집필한 책이다. 안전한 우산을 버리고 불안할 수도 있는 첫걸음, 1인 기업가의 길에 뛰어든 저자의 뜨거운 도전에 힘찬 응원을 보낸다.

**정 예 서**_ 함께성장인문학연구원 원장

# 힘차게 산을 넘도록
# 도와주는
# 셰르파로서의 삶

반퇴(半退) 세대라는 용어를 들어보았는가?

반퇴 세대란 2016년에 등장한 신조어로, 조기퇴직 이후에 다시 일자리를 찾는 세대를 일컫는 말이다. 취업포털 잡코리아가 직장인을 대상으로 한 설문에서 3위를 차지했는데, 그만큼 직장인들에게 퇴직이 얼마나 큰 의미인지 알 수 있다.

나는 40대, 중년의 나이에 반퇴를 '선택'했다. 반퇴를 치열하게 고민할 무렵, 내 아버지는 나와 같은 나이를 어떻게 보내셨을까 돌아보았다. 서울올림픽을 앞두고 가파르게 경제가 성장하던 1980년대, 의류회사의 재단사였던 아버지는 거의 쉬는 날도 없이 일을 하셨다. 대부분의 다른 아버지들처럼 정년퇴직을 당연하게 여기셨으며, 내가 취업을 한 뒤 만 55세에 정년으로 은퇴하셨다.

하지만 오늘날 직장인에게 '정년퇴직'은 사라진 단어가 됐고, 공기업이나 공무원 사회에서도 점차 사라져가고 있다. 법적으로 임금피크제가 도입되어 정년 이후를 보장했다고 하지만, 실제로 그 나이까지 회사에 머무를 수 있을

지는 단언하기 어렵다. 1990년대 후반 IMF 경제위기 이후, 언제든지 구조조정의 회오리가 몰아칠 수 있기 때문이다.

그런데 이처럼 회사는 나의 미래를 보장해주지 않지만, 오히려 업무강도에 따라 직장인은 회사에 더욱 충성해야 하는 게 현실이다. 게다가 동료보다 한 발이라도 앞서려면 외국어와 학위 취득 등 자기계발에도 힘을 쏟아야 한다. 사정이 그러하니 진정으로 내가 하고 싶은 일은 무엇이고, 미래에는 무엇을 할지 물어볼 여유도 없이 막연한 불안 속에서 하루하루를 보내고 있다.

나도 10년 전 같은 고민을 했다. IT 대기업에서 자동화 개발업무를 10년째 하면서 언제까지 그 업무를 할 수 있을까 의문을 가졌다. 주변의 선배들을 지켜보니 일정 기간이 지나면 엔지니어가 아닌 관리자의 업무를 수행하고 있었다. 당시 회사의 연혁이 길지 않아 정년퇴직에 해당하는 분들은 거의 볼 수 없었지만, 과연 그런 선배들이 관리자의 경력으로 퇴직을 한다면 무엇을 할 수 있을까 궁금했다.

중소기업의 관리자나 임원으로 갈 수도 있겠지만, 전문적인 역량은 부족하다고 여겨졌다. 예를 들면, 본래 해오던 엔지니어의 역량 외에도 인사나 회계, 영업 등 경영 부문 역량이 추가로 필요했다. 그래서 나는 지금의 직무역량으로 계속 성장할 수 있을지 나 자신을 돌아보게 됐다.

지난 20년의 회사생활을 돌아보면, 절반을 지나던 그때가 내게는 변곡점이었다. 그러면서 지금까지 해오던 개발업무 외에 새로운 직무에 대한 도전

가능성을 적극적으로 찾아보기 시작했다. 또한 상담심리학을 공부하며 성격 유형을 탐구하고, 인문학연구원에서 공부를 하며 자기탐색 및 가치관 정립을 시도했다. 아울러 업무 이외의 시각을 넓히고자 회사 외부 커뮤니타나 네트워크 모임에 참여했다.

그 결과 나는 겉으로는 공학도로서 엔지니어의 길을 걸어왔지만 속으로는 사람에 대한 관심과 지식을 전달하는 일에 흥미가 있음을 알게 됐다. 회사 내에서 그런 강점을 살릴 업무를 찾다가, 교육 부문 담당자를 충원한다는 소식을 접하고 바로 직무전환을 신청했다. 이후 10년 동안 교육과정을 기획하고 직접 강의를 해보며 나의 강점을 더 발전시켜 나갔다.

20년차가 됐을 무렵 다시 한 번 내 반퇴 계획을 점검해보니, 어느덧 교육이라는 업무의 본질보다 관리적 업무의 비중이 커졌다. 또 한 번의 변곡점이 필요한 시점이기에, 과감하게 자발적 반퇴를 선택하고 회사에 독립을 선언했다.

독립을 선언한 이후 동료 및 선후배로부터 많은 격려와 문의를 받았다. 대부분 자신도 새로운 도전을 하고 싶은데 어디서부터, 무엇을 알아봐야 할지 막막하다는 것이었다. 무슨 일을 잘할 수 있고, 회사 밖에서도 유용한 자신의 강점이 무엇인지 잘 모르겠다고 했다. 나도 10년 전 비슷한 고민을 했기에 그 마음이 충분히 공감됐고, 그들을 도울 수 있는 방법이 있다면 얼마나 좋을까 생각했다.

좌충우돌하며 오랜 시간에 걸쳐 터득한 나만의 방법들을 체계적으로 정리해 인터넷 블로그에 올렸다. 나와 같은 생각을 가진 사람들의 관심 어린 댓글도 많았고, 구체적인 필살기 탐색에 대한 문의도 있었다. 그렇게 하나씩 노하우를 정리하면서 나와 같은 심정의 사람들에게 도움이 되는 체계적 지침서를 써보기로 했다.

내 경우에도 누군가 길잡이가 되어주었다면 연착륙을 했을 것이다. 내게 어떠한 개성이 있으며, 강점과 약점은 무엇이고, 시도해볼 것과 준비할 것들은 무엇이 있는지 훨씬 빠르게 나의 길을 찾을 수 있었을 것이다.

어쩌면 여전히 회사에 소속되어 더 넓고 깊은 경험을 계속하고 있을지도 모를 일이다. 하지만 반퇴를 결정하고 조직을 떠나 1인기업의 삶을 체험해보니, 조직 안에서 더 준비해야 했던 것들이 있었다는 것을 뒤늦게 깨달았다. 예를 들면, CEO의 시각으로 프로젝트를 경험해보는 것이다. 다시 말해 기획에서부터 자원 관리, 성과 이익 마무리까지 모든 실무를 한 번 해보는 것을 뜻한다.

대개 사람들은 프로젝트의 중간관리자를 수행하면서 실무는 후배 사원을 시키는 경우가 많다. 하지만 회사 밖에서는 혼자서 모두를 수행해야 하거나 책임져야 할 부분이 크게 늘어난다. 하나라도 실무를 더 잘 알고 있는 사람이 경쟁우위를 차지한다.

독립하기 전에 그런 길잡이를 만나지 못한 게 아쉬웠다. 회사나 조직 안에서 만난 이들은 자기가 맡은 업무 이외의 시각으로 일을 바라보기 힘들었다. 그러다 보니 조직을 벗어난 순간 지금껏 보지 못한 세계에 적잖이 당황했다. 지금까지 그 어느 누구도 조직 밖의 얘기를 구체적으로 들려주지 않았기 때문이다. 그래서 조직 안에서 준비해야 할 조직 밖의 능력을 잘 몰랐던 것이다.

나름대로 외부 커뮤니티에 참여하고, 회사 이외에서 새로운 지식을 끊임없이 탐색했던 노력을 했음에도 그렇다. 누군가 나에게 일하는 방법의 본질을 알려주고, 내가 근본적인 경쟁력을 갖추도록 조언을 해준다면 얼마나 좋을까.

그렇게 이 책이 나와 같은 고민을 하고 있는 이들의 나침반이 되었으면 한다.

다양한 방법을 통한 독자의 자기 탐색에서 출발하여 현 직장에서의 업무 사례를 바탕으로 자신의 필살기를 찾아보고, 미래의 고객을 상상하며 어떤 서비스를 제공할 것인지 비전을 세워볼 것이다. 또한 이 모든 것을 구체적으로 실천할 도구로서, 생애설계도를 다양한 사례와 함께 직접 만들어보는 기회도 제공한다.


자신의 성장이 꼭 조직으로부터의 독립으로 이어질 필요는 없다. 내가 공헌할 영역이 회사가 될 수도 있고, 회사 밖의 세상이 될 수도 있다. 어느 곳에서든 일의 의미를 찾고 내 능력을 제대로 발휘할 수 있는지 깨닫는 게 중요하다. 자신에게 숨겨진 능력을 보다 일찍 알게 된다면 내 삶은 더욱 풍성해질 수 있다. 다양한 가능성이 열리기 때문이다.

이 책을 처음 집필할 당시 예상 독자는 최소한 회사생활을 몇 년 이상 경험한 직장인이었다. 하지만 학교를 갓 졸업하는 예비 직장인에게도 동일한 내용을 강의했더니 의외로 반응이 뜨거웠다. 첫발을 내딛는 신입사원에게도 미래가 궁금한 것은 마찬가지였다. 젊음의 열정을 어떤 방향으로 어떻게 써야 할지 자신도 잘 모르고 있는 셈이었다.

돌이켜보면 내가 회사에서 만났던 신입사원들은 아무것도 쓰여 있지 않은 빈 종이와 같았다. 그들에 무엇을 써줄 것인가는 나와 같은 선배들이 책임감을 지니고 해야 할 일이었다. 이 책도 그런 선배의 가르침과 같은 도움을 주리라 생각한다. 반퇴는 이제 연차에 상관없이 거의 모든 직장인이 거쳐야 할 길이 되었기 때문이다.

우리가 조직 밖으로 나아가기 두려운 것은 미리 모든 것을 예측하기 어렵기 때문이다. 나는 한 발 앞선 홀로서기의 경험을 독자들과 나누고 싶다. 중년의 나이에 두 번째 성인식의 산을 넘으니 이제 눈앞에 펼쳐진 새로운 평야가 가슴 벅차게 다가온다. 지금부터는 독자의 미래를 향해 힘차게 산을 넘도록 도와주는 셰르파로서의 새로운 삶이 나를 기다리고 있다.

끝으로, 연구한 주제가 책이 되기까지 끊임없이 조언과 격려를 주신 함께성장인문학연구원 정예서 선생님과 연구원 동기들에게 감사의 인사를 전한다. 또한, 개인의 성장을 돕겠다는 소명으로 책 쓰기를 하는 동안 아빠의 빈자리를 이해해준 아들과 곁에서 한결같은 응원의 마음으로 지켜봐준 아내에게 이 지면을 빌어 고맙고 사랑한다는 말을 전한다.

2017년 가을 인사동 사무실에서 김 용 현

# 차 례

# 차 례

방황하는 직장인을 위한 생애설계도

# PART 1

# 반퇴시대를
# 준비하라

# 반퇴를 기다리지 말고
# 목표를 설정하라

나는 많은 사람들이 부러워하는 대기업 반도체 회사에 20년간 근무했다. 내가 입사하던 1990년대 중반은 반도체가 초호황이었고, 산업 전반적으로 활기를 띠었다. 나는 컴퓨터공학을 전공했는데, 졸업을 앞둔 4학년 초 5월에 이미 회사별로 리크루팅과 면접 경쟁이 치열했다. 시대를 잘 만난 행운이라고 할까. 불과 몇 년 뒤의 IMF 위기를 아무도 예상하지 못한 시절, 대학교를 졸업하기도 전에 합격 소식을 받았다. 지금도 부모님께서 기뻐하시던 모습이 눈에 선하다.

실제 입사는 다음 해 2월이었는데, 약 한 달에 걸친 신입사원 연수를 마치고 인사담당자와 희망 사업부에 대한 면담이 시작되었다. 그 무렵 신입사원들에게 제일 선망의 대상은 휴대폰 사업부였고, 제일 기피하는 곳은 반도체 사업부였다. 당시 나는 나를 뽑아준 회사가 얼마나 고마웠던지 어느 부서로 발령을 받건 이 한 몸을 불사르겠다는 각오를 했었다. 그래서 최종 부서 배치까지 무조건 회사의 결정에 따랐다. 나는 당시 새로운 반도체 라인을 짓는 프로젝트 부서에 배치를 받았다.

신규 라인 프로젝트는 만만한 곳이 아니었다. 신입사원이었음에도 일당백의 업무를 받아서 전공과 전혀 상관없는 반도체 관련 지식을 쌓느라 밤을 새울 때도 많았다. 당시는 퇴근 후 자기계발을 위한 배려에서 7시 출근, 4시 퇴근하는 소위 7·4제가 시행되던 때였다. 드라마 '응답하라 1988'의 무대인 쌍문동 집에서 회사로 출근하기 위해서는 새벽 4시에 일어나야 했다.

다행히 집 부근에 통근버스가 있었는데, 단 한 번도 회사까지 가는 풍경을 본 적이 없었다. 어찌나 피곤했던지 앉으면 1분도 안 되어 잠이 들었기 때문이다. 그럼에도 퇴근은 늘 밤 11시 마지막 통근버스였고, 퇴근길에는 지하철로 한 시간을 더 가야 했다. 주말에도 출근하는 게 당연하던 시절이라 그 당시 소원은 늘어지게 잠을 한번 자보는 것이었다. 그러는 동안 입사 당시의 회사에 대한 열정은 점점 식어가기 시작했고, 급기야 다른 회사에 입사지원서를 보내기도 했다.

운명의 수레바퀴는 이미 정해져 있었는지, 몇 번의 고배를 마신 후 나는 회사에 적응하기로 마음을 바꿨다. 이후 부서를 한 차례 옮겼고, 연차가 올라갈수록 업무도 숙련되었으며 직급도 올라갔다. 회사도 야근이나 휴일근무를 줄이기 시작했고, 결혼 후 분가해서 집을 회사 부근으로 옮기는 등 근무 환경도 점점 개선되었다.

그럼에도 10년차에 접어들어 지난 회사생활을 돌이켜보니, 언제까지 계속 회사를 다닐 수 있을지 고민이 되었다. 당시 과장 직급으로 자동화 프로그램 개발 업무를 맡고 있었는데, 주변 부장님들의 업무를 살펴보니 대부분

전문기술직이 아니라 인력이나 비용을 효율화하는 프로젝트 관리였다. 대리에서 과장으로 진급한다는 것은 간부로 승격을 뜻하는데, 부장급은 아니었어도 간부인 이상 프로젝트 관리 업무가 상당 부분을 차지하기 시작했다.

그때쯤 개인적으로 사람에 대한 관심에서 출발한 상담심리학 공부가 나의 인생에도 큰 영향을 미치기 시작했다. 지금처럼 인문학 열풍이 불던 시절은 아니었지만, 상담심리학의 영역이 진정한 자신을 탐색하고 타인의 삶에도 긍정적 영향을 줄 수 있다는 게 의미 있어 보였다. 그래서 아내와 진지한 논의 끝에 심리학을 본격적으로 공부해보자고 결정하고, 직속상사와 부서장께 회사를 그만두겠다고 말씀드렸다. 사표를 던진 것이다.

하지만 그게 내 회사생활의 또 다른 시작이 될 줄은 몰랐다. 부서장을 통과한 사표가 팀장께 올라갈 무렵, 팀의 인사부장이 내게 제안을 하나 했다. 마침 팀 내 교육담당자가 건강상의 이유로 퇴직을 했는데 그 업무를 해보지 않겠느냐는 것이었다. 동료들과의 관계도 원만하고 두루 업무 경험도 많으니 적임자로 생각한다는 말씀이었다. 새로운 업무에 대한 호기심도 있었고, 동료들의 성장을 돕는다는 것도 매력적으로 느껴져서 제안을 수락했다.

그렇게 교육담당자로서 회사생활 후반기 10년이 시작되었다. 임직원에게 필요한 교육과정을 기획하고 강사를 섭외하여 교육을 진행했고, 내가 직접 강의를 진행하는 경우도 많았다. 특히 강의는 초반에는 두렵고 미숙했지만, 이를 극복하고 꾸준히 계속했더니 나중에는 가장 재미있는 업무가 되었다. 나 스스로 그동안 몰랐던 내 능력을 발견한 셈이었다. 이외에도 팀원 전체의 업무역량을 향상하거나 최적의 직무를 설계하는 일도 맡았다.

하지만 부장 진급 이후로는 결국 예전에 보았던 선배들의 모습을 닮아갈 수밖에 없었다. 실무보다는 관리적인 측면의 업무가 많아졌는데, 내가 생각한 성장 비전의 모습에서 갈수록 멀어지는 일들이었다. 10년차에 사표를 처음 냈던 당시부터 끊임없이 고민해왔던 '미래의 자신'을 위해 새로운 도전을 할 시점이 온 것이었다.

그렇게 만반의 준비를 갖추고, 정확히 20년차가 되던 달에 나는 '자발적 반퇴'를 선택했다.

21세기를 눈앞에 두었던 1990년대 후반, 대한민국은 IMF 외환위기라는 큰 재앙을 만났다. 구조조정이라는 단어가 등장했고, 평생직장이라는 단어가 사라졌다. 그리고 10년 뒤, 또다시 글로벌 금융위기를 겪으며 또 한 번 폭풍을 감내해야 했다.

근래에 임금피크제가 시행되어 은퇴 시기가 늦춰진 것처럼 보이지만, 실제로 은퇴가 연장되리라 믿는 직장인은 별로 없다. 오히려 창창한 나이에 은퇴를 당하고 불안한 노후를 보내느니 자발적으로 퇴직을 선택하고 제2의 인생을 준비하려는 사람이 늘고 있다.

이렇게 빠른 퇴직을 하고 다시 경제활동에 뛰어드는 현상을 '반퇴(半退)'라고 부른다. 극소수의 고액 연봉 직장인을 제외하고, 대부분의 직장인들이 반퇴시대를 살아가고 있는 셈이다.

20세기만 하더라도 정년퇴직 이후의 삶은 비교적 여유가 있었다. 자녀들도 일찍 낳았기 때문에 은퇴 무렵이면 이미 자녀 혼사를 치른 경우도 많았다. 평균수명도 은퇴 이후 그렇게 많은 시간이 남은 게 아니었다. 그래서 취미나 소일거리로 인생의 황혼을 마무리하면 되었다.

그랬던 삶이 21세기로 넘어오면서 인생의 절반을 지나는 시점에 이른 퇴직을 고민하게 되었다. 아직 자녀들은 품을 떠나지 않았고, 부모님에 대한 책임에서 자유로운 것도 아니다. 연금을 받는 연령에도 아직 이르지 못했고, 연금만으로 살아가기에는 경제적 여유도 부족하다. 이제는 경제적 안정이 반퇴시대를 준비하는 가장 큰 목적이 되었다.

실제 통계청의 데이터를 보면 평균연령은 2008년 37.0세 → 2017년 41.2세로 높아졌고, 인구의 정가운데에 해당하는 중위연령은 2008년 36.7세 → 2017년 42.0세로 격차가 더 벌어진다. 그만큼 고령인구가 큰 폭으로 증가했다는 얘기다. 인구의 가운데 계층이 30대에서 40대로 접어든 것이다. 15~64세 생산 가능 인구를 100명으로 보았을 때, 14세 이하는 2008년 23.8명 → 2017년 18.0명으로 줄어들었고, 65세 이상은 2008년 14.0명 → 2017년 18.8명으로 늘어났다.

아이들은 줄고 노령인구는 늘어나고 있으니, 앞으로는 직업에 있어서도 중장년의 비중이 커질 수밖에 없다. 정부를 비롯한 지자체에서도 시니어 계층의 창업과 창직을 돕고 있다. 예를 들어 서울시의 경우 '50플러스재단'을 설립하여 다양한 공익활동을 적극 지원하고 있다.

우리가 준비해야 할 것이 꼭 경제적 여유만은 아니다. 우리보다 은퇴 준비에 더 신경을 쓰는 미국인들의 인식을 보여주는 아래의 기사를 보면, 수입 금액 못지않게 여가시간의 보장 또한 중요한 문제임을 알 수 있다.

> 최근 국립노화연구소의 조사에 따르면 62세 미국인 중 35%가 정규직이며 14%는 시간제로 일하는 것으로 나타났다. 그러나 68세의 경우 풀타임 종사자가 13%로 급격히 줄어드는 반면 파트타임 종사자는 19%로 늘어나는 것으로 집계됐다. 시니어들은 준은퇴의 장점으로 돈을 버는 것뿐만 아니라 사회적 교류를 통해 일상을 활기차게 보낼 수 있고 노동시간이 짧아 스트레스도 덜 받는다는 것을 꼽았다. 따라서 퇴직 후 일자리를 찾을 때는 가능한 한 즐기면서 할 수 있는 일을 선택하는 것이 오랫동안 행복하게 일할 수 있는 비결이다.
>
> - 미주 중앙일보 2016. 10. 17.

반퇴는 자신이 선택하는 것처럼 보이지만, 어쩔 수 없이 떠밀려 시작하는 경우도 많다. 직장을 다니고 있어도 미래에 대한 불안감을 없애기 어렵기 때문이다. 실제로 IMF사태와 금융위기 때 그 불안한 미래를 우리는 직접 목격했다.

아무리 능력이 있고 열정이 있다 할지라도 외부에서 닥쳐오는 위기를 막아내는 것은 개인적으로 한계가 있다. 그래서 조금이라도 젊은 나이에 기회가 왔을 때 직장을 떠나는 것이다. 하지만 직장을 떠나 새로운 것을 배우거나 준비하기에는 리스크가 너무 크다. 가능하다면 퇴직하자마자 계획했던 일을 시작하는 것이 최선의 방법일 것이다. 그러자면 직장을 다닐 때 새로운 시작을 준비해야 한다.

하지만 직장을 다니면서 또 다른 배움을 병행하는 것은 녹록치 않다. 지금 하고 있는 일조차도 버거워 야근으로 버티는 사람들도 많지 않은가.

무엇보다 먼저 살펴볼 것은 내가 하고 싶은 일이 무엇인가 확인하는 일이다. 직장에서 하는 일이 마음에 드는 일일 수도 있고, 지금의 직업을 기반으로 다른 기술이나 역량을 추가해서 퇴직 이후 새로운 일을 만들어낼 수도 있다. 그렇게 현재의 내 모습을 다시 확인한다면 매일 출근하는 기분이 달라질 수도 있다. 지금의 일이 미래의 내 꿈에 대한 밑거름이 될 수도 있기 때문이다.

회사에서 받는 월급만큼만 일을 하겠다는 것과 내 역량을 키우기 위해 일을 하고자 하는 열정은 정말 큰 차이가 있다. 세계적인 경영 구루 찰스 핸디는 40여 년 전 대기업과 교수직이라는 코끼리들의 세계를 버리고 직접 프리랜서 벼룩이 되어 살아가는 포트폴리오 인생을 선택했다. 그리고 그의 성공담을 《코끼리와 벼룩》이라는 명저를 통해 생생한 증언으로 들려주었다.

우리나라 최초의 변화경영전문가를 선언했던 고 구본형 선생도 자신이 직장인이었던 IMF 위기 당시 생존을 위한 변화를 부르짖으며 《익숙한 것과의 결별》이라는 책을 통해 불타는 갑판에서 희망의 바다로 뛰어들라고 조언했다. 1988년 영국 스코틀랜드 근해 북해 유전에서 발생한 폭발사고에서 생존한 앤디 모칸의 비유를 든 것이다.

불타는 갑판에서 죽음만 기다리고 있을 것인가, 한 줄기 희망을 안고 바다로 뛰어들 것인가, 우리는 선택을 해야 한다.

반퇴시대에 대처하는 우리의 마음가짐을 새롭게 하자. 경제적 안정도 물론 중요하지만, 남은 생애 동안 어떤 삶을 보낼지 생각해야 한다. 어쩔 수 없이 반퇴를 준비하는 게 아니라, 적극적으로 목표를 설정해보라는 뜻이다. 직장에서 선택할 수 있는 것들이 제한적이었다면, 이제는 스스로 하고 싶은 것들을 능동적으로 해보는 것이다. 지금 하고 있는 일을 비롯하여 모든 가능성을 다 열어놓고, 상상만으로도 기분 좋은 일들을 모아보자. 가슴 설레는 일들이 기다리고 있다면 회사를 떠나는 것이 두려운 일만은 아니다. 그리고 그 꿈이 이루어질 수 있도록 꼼꼼한 계획을 세우고 철저하게 준비해보자. 뜻이 있다면 그곳에 도움의 손길도 함께할 것이다.

## ⬇ 세줄요약

- 빠른 퇴직 이후 제2의 활동을 시작하는 반퇴의 시대가 찾아왔다.
- 계획 없이 퇴직을 기다리지 말고, 목표를 미리 설정해야 한다.
- 하고 싶은 일을 찾아 떠나는 것은 두렵지 않고 가슴 설레는 일이다.

# 언젠가는 직장이라는
# 둥지를 떠난다

엔지니어 경력 10년차에 이미 사표를 한 번 던졌던 나는 이후 교육담당
자의 길을 걸으며 나름대로 제2의 인생을 준비하기 시작했다. 하지만 상담심
리학과 에니어그램을 공부했어도, 내 미래가 명쾌하게 결정된 것은 아니었다.
과장 직급을 달고 신입사원처럼 모든 것을 새로 배우면서 나름대로 내 주관
을 갖고 새로운 업무를 추진해보기도 했지만, 내가 잘하는 일이 무엇인지 혼
란스러웠다.

내가 교육업무를 시작하던 당시에는 직무교육의 중요성을 알고 있는 사
람이 그다지 많지 않았다. 커리큘럼은 팀 내에서 선발된 사내 강사를 주축으
로 구성했는데, 막상 교육을 시행하려 하면 다들 업무에 바쁘다는 이유로 강
의가 힘들다고 했다. 게다가 교육과정을 개설해서 입과 대상자에게 공지를

하면, 업무가 바쁘다며 입과 취소 답변을 받는 게 일상다반사였다. 다시 말해 가르치는 사람도 없고 배우려는 사람도 없는 상황이었다.

해당 부서장에게 읍소를 해보아도 교육 당사자들과 똑같이 부서 업무가 바쁘다는 답변뿐이었다. 그렇게 교육을 진행한 실적이 없다 보니 결국 최하위 고과를 받고 말았다. 업무를 바꾼 첫해의 일이었다. 그냥 사표를 던질걸, 나는 다시 혼란에 빠졌다.

뜻이 있는 곳에 길이 있다고 했던가. 결정적 계기가 찾아왔다. 회사에서 사업부 단위의 조직개편이 있었다. 현장에서 잔뼈가 굵은 분이 우리 팀의 리더가 되었다. 자동화시스템을 개발했던 우리 팀의 본래 역할은 생산현장 고객의 요청에 대응하는 것이었다. 이제 조직 개편과 함께 우리 팀의 역할은 현장에 비전을 제시하고 혁신을 리드해야 하는 것으로 바뀌었다.

수작업으로 일일이 사람이 했던 일들이, 자동화된 시스템이 알아서 척척 해나가도록 바뀌었다. 휴대폰으로 따지자면 피처폰에서 스마트폰으로 바뀐 셈이었다.

스마트폰으로 바뀌면 사용법을 공부해야 하듯, 회사 전체적으로 자동화시스템에 대한 교육의 필요성이 대두되었다. 당장 모든 간부급부터 교육을 받으라는 지시가 떨어졌다.

나는 교육업무를 10년간 진행했지만, 쓸데없이 억지로 시행하는 교육은 지금도 반대다. 하지만 대한민국 헌법 제31조에 "1. 모든 국민은 능력에 따라 균등하게 교육을 받을 권리가 있다. 2. 모든 국민은 그 자녀에게 적어도 초등교육과 법이 정하는 교육을 받게 할 의무가 있다. 3. 의무교육은 무상으로 한다" 등이 명시되어 있는 것은 그만큼 교육이 중요하기 때문이다.

회사도 마찬가지다. 업무가 바쁘다고, 대신할 사람이 없다고 교육받을 기회를 주지 않는 것은 불공평하다. 그것이 직무교육이건, 인문학 교양을 축적

하기 위한 교육이건 궁극적으로 개인의 성장을 돕기 때문이다. 다시 말해 제일 마지막 교육이라 할 수 있는 '퇴직자를 위한 교육'을 비롯해서, 세상 밖으로 나가기 위해서는 스스로 그 힘을 키워야 한다.

회사를 나오기 전에 마지막으로 챙겼던 복리후생 항목은 건강검진이었다. 회사를 다닐 때는 매년 가을 무렵에 받았는데, 회사를 나올 때가 2월이라 몇 달 지나지 않아 또 검진을 받았다. 내 돈으로 다음 해 가을에 받을 수도 있었지만, 공짜로 받는 혜택을 굳이 버리고 싶지 않았다. 물론 공짜라기보다는 회사에서 검진 비용을 대신 내주는 것이라고 하는 게 정확하다.

검진뿐만 아니라 신용카드도 다시 점검했다. 회사를 그만두면 내 수입이 어찌 될지 불확실했고, 신용도 하락에 따라 카드 발급 자체가 어려울 수도 있었기 때문이었다. 그래서 신분이 확실한 직장인일 때 준비해두자는 뜻이었다. 그렇게 점검을 하다 보니 이미 기분은 광야의 한가운데 홀로 서 있는 것 같았다.

나는 우리나라 사람들이 대부분 선호하는 안정적인 '대기업 직장인'으로 20년을 지냈다. 오랫동안 직장인으로 생활이 몸에 배어 있던 터라, 직장이라는 둥지를 벗어났을 때 어떤 점이 달라질까 상상해보는 게 어려웠다. 가장 큰 걱정인 예상수입을 여러 번 시뮬레이션해보았고, 모든 것을 나 혼자 해결해야 한다는 각오를 몇 번이고 다짐했다.

나름대로 수년간 준비하고 고민한 나도 두려움이 있는데, 회사에 남아 있는 다른 사람들은 어떨까. 그분들은 나보다 두려움이 더 클 것이라는 생각이 들었지만, 회사일을 마무리하고 인수인계를 하느라 많은 분들의 얘기를 듣지 못했다.

'이제 회사를 그만두고 나의 길을 떠난다'는 퇴직 인사 메일을 지인들게 보내자마자 많은 답장을 받았다. 대부분 축하와 격려의 인사말이었는데,

공통적으로 시작하는 말은 "회사를 떠난다니 부럽다"였다. 나와 함께 떠나고 싶지만, 같이 떠날 수 없는 현실이 안타까워 그렇게 표현했으리라 생각하고 있다.

회사에서 좀 더 큰 뜻을 펼쳐보겠다는 분을 제외하고 대다수가 그런 부럽다는 마음이었을 것이다. 비록 내게 스트레스를 주기도 했지만 세상에 대한 파도로부터 나를 지켜주기도 했던 곳, 바로 그곳이 직장이라는 울타리였다. 직장은 하루하루를 견뎌내기 힘든 퍽퍽한 곳이면서도, 떠나기 쉽지 않은 둥지인 셈이었다. 이를테면, 나에게 건강검진을 제공하고 신용카드 발급 자격을 부여해주는 둥지였다.

직장인이라면 누구나 한 번쯤은 내가 몇 살까지 회사를 다닐 수 있을까 생각해봤을 것이다. 아래 신문기사를 보면 직장인을 대상으로 한 설문 결과 평균 50세 정도면 퇴직할 것으로 예상했는데, 정년퇴직 나이가 60세임을 고려하면 회사를 떠날 시기를 10년이나 앞당겨 보는 셈이다.

취업포털 잡코리아가 최근 남녀 직장인 1,405명을 대상으로 '현실적인 상황을 고려했을 때 몇 세까지 회사생활을 할 수 있을 것으로 생각하는가'라고 설문한 결과, 직장인들은 자신의 퇴직 연령을 평균 50.9세로 예상했다. (중략) 서비스직에 근무하는 이들은 퇴직 연령을 평균 53.1세로 예상해 다른 직무보다 오래 일할 것으로 보고 있었다. 생산·기술직(52.8세)과 영업·영업관리직(51세), 재무·회계직(50.2세)도 퇴직 예상 시기가 늦은 편이었다. 반면 인사·총무직(49.7세), 마케팅·홍보직(49.4세), 기획직(48.6), IT·정보통신직(47세), 디자인직(47세)은 50대 이전에 회사를 나갈 것이라고 봤다.

응답자의 66%는 '현재의 고용상태에 불안감을 느낀다'라고 답했다. '정년 때까지 고용을 보장받을 수 있을 것으로 생각하느냐'는 질문에 '그렇다'라고 답한 응답자는 10명 중 2명(18.6%)도 되지 않았다.

- 조선일보 2016. 6. 1.

내가 다녔던 IT계열 회사에 위 기사를 적용해보면, 대체로 50대가 되기 전에 회사를 나올 것이라 예상하는 분위기였음을 알 수 있다. 그래서 나오기 전날까지도 나와 얘기를 좀 나누자는 분들이 많았는데, 그분들도 언제까지 회사를 다닐 수 있을지 불안해하기는 마찬가지였다.

임금피크제가 도입될 예정이었지만 정년까지 채울 수 있을지 없을지 아무도 모르는 상황이었고, 그럼에도 현재의 '직장인' 신분을 대신할 대안은 찾지 못하고 있었다. 새롭게 바꿀 직업을 찾지 못한 이유를 물어보니, 지금 당장 회사일이 너무 바빠서 생각해볼 여유가 없기 때문이라는 답이 돌아왔다. 즉, 회사에서 하고 있는 일 이외에 할 수 있는 다른 일을 모른다는 것이었다. 그 말을 곱씹어보면 결국 '하고 싶은 일이면서 지금의 수입을 유지할 수 있는 다른 일'이 없다는 말이었다. 심지어 지금의 직장을 벗어나면 돈을 한 푼이라도 벌 수 있을까 하는 의문을 갖기도 했다.

회사를 떠난 지 1년이 넘은 지금도 옛 동료와 가끔씩 연락을 주고받는다. 나 자신은 지난 한 해가 어떻게 갔는지 모르게 1인기업가로서 역동적인 삶을 살았으나, 회사 안의 삶을 얘기 들어보면 내가 예상한 바와 크게 다르지 않았다. 내가 다녔던 당시와 비슷한 일들이 1년 동안 반복되었고, 그러다 보니 동료들과의 대화는 마치 어제 일처럼 익숙한 느낌이 들었다. 어찌 보면 회사 안의 시간은 느리게 흘러가고, 회사 밖의 시간은 눈 깜짝할 사이에 지나가는 아인슈타인 상대성원리처럼 보였다. 회사 안에 있을 때는 나도 그 반복되는 흐름에 있었기 때문에 매년 똑같은 삶이라는 것을 잘 몰랐는데, 회사 밖에서 동료를 보니 둥지 안과 밖의 삶이 확연히 다르다는 것을 느낄 수 있었다.

회사로부터 독립한 이후에 내가 제일 먼저 한 일은 명함을 만드는 것이었다.

회사원에게 명함은 자신의 존재 이유를 설명하는 가장 유용한 방법이었다. 그 얇은 종이 한 장이면, 상대방에게 내가 누구이고 무슨 일을 하는지 설명하는 게 어렵지 않았다. 그런데 회사를 나오는 순간, 나의 역량과 기술은 달라진 게 없는데도 회사에서 가졌던 명함은 더 이상 아무 의미를 갖지 못한다.

내가 직장인으로서 외부업체와 미팅을 할 때 내미는 명함은 원래 내 명함이 아니었다. 그 명함에 쓰여 있는 내 이름은, 회사의 상황에 따라 내가 아닌 어느 누구로도 바뀔 수 있다. 내 후배의 이름이 내 이름을 대신할 수도 있다. 즉 나는 회사의 명함을 빌린 것뿐이고, 마주앉은 업체는 업무상 파트너를 만나고 있을 뿐이었다.

나는 회사에서 만든 명함을 한 번도 다 써본 적이 없었다. 반을 채 쓰기도 전에 부서나 연락처가 바뀌어 새로운 명함을 신청했다. 그런데 1인기업가가 되니까 처음 만나는 분들께 우선 명함을 드리면서 인사를 드리게 되었고, 채 1년이 지나지 않아 다섯 통 이상의 명함을 만들었다. 재미있는 사실은 명함을 만들 때마다 내용이 늘 바뀌는 것이었다.

나는 새 명함을 만들 때마다 고심을 거듭했다. 직장인 시절에는 부서명과 연락처만 바꾸면 됐지만 이제는 명함을 통해서 내가 하고자 하는 일을 쉽게 설명이 되어야 했기 때문이다. 그러다 보니 새로운 아이디어나 아이템을 명함에 반영해야 했고, 때로는 내 명함을 보고 직접 조언을 주는 분들도 많았다. 덕분에 명함이 바뀔 때마다 내가 하고자 하는 일이 점점 더 명확해지면서 자신감이 더 솟아오르는 느낌을 받았고, 그 명함이야말로 다른 무엇과도 바꿀 수 없는 바로 나만의 명함임을 깨닫게 되었다.

시중의 자기계발서에서 많이 볼 수 있는 조언 중의 하나는 "급한 일보다는 중요한 일을 하라" 하는 것이다. 주로 회사 업무에 적용되는 얘기지만, 나는 개인의 삶에 있어서도 똑같다고 생각한다. 지금 당장 급한 회사일 때문에 나의 미래를 계획해보는 것과 같은 중요한 일의 순서가 밀리면 안 된다.

우리는 이미 성장을 마친 어른이지만, 직장이라는 둥지를 떠나지 못한 어린 새와 같다. 언젠가 떠나야 할 곳임을 알고 있지만, 과연 둥지 밖으로 날 수 있을까 두려움을 갖고 있다. 태풍이 몰아쳐 어쩔 수 없이 둥지 밖으로 내몰리기 전에, 내가 먼저 힘차게 날 준비를 해보는 건 어떨까?



- 직장이라는 둥지는 안락한 곳이지만, 언젠가는 떠나야 할 곳이다.
- 회사일이 바쁘다는 이유로 나의 미래 계획을 미루면 안 된다.
- 내가 하고 있는 일의 의미가 명함에 어떻게 담겨 있는지 생각해보자.

# 직장은 사라져도
# 직업은 남는다

나는 20년 동안 한 회사를 다녔지만, 직무와 부서는 여러 번 바뀌었다. 크게 보면 처음에는 개발자로, 다음에는 교육담당자로 나눌 수 있지만, 직무로 보면 더 다양한 일들을 해왔다.

입사 후 처음 맡은 업무는 현장의 생산 진도 관리였다. 반도체 회사의 기본 재료였던 실리콘으로 만들어진 원반(웨이퍼라 부른다)을 얼마나 투입하고, 불량률을 고려해 생산량이 얼마가 될지 예측하는 일이었다. 1996년 당시에는 반도체 칩을 하나 생산하는데 거의 100일에 가까운 기간이 필요했기 때문에 100일 뒤에 생산할 물량의 재료를 예측해서 넣어야 했다. 컴퓨터공학 전공은 크게 도움이 되지 않았고, 부서장에 가까운 과장께 거의 모든 것을 배웠다.

그렇게 2년쯤 근무하다가 공정과 설비에서 나오는 품질 관련 데이터를 분석하는 부서로 옮겼다. 당시에는 엑셀로 데이터를 받아 수작업으로 표와 그래프를 그렸는데, 컴퓨터 전공답게 엑셀 매크로 언어를 사용해서 자동으로 리포트를 만들어보기도 했다. 그 업무를 계기로 자동화스템을 개발하던 부서로 다시 옮겼고, 생산현장과 연구소에 필요한 자동화 시스템을 개발했다.

개발이라 하면 언뜻 요즘 초등학생도 배운다는 코딩을 떠올리겠지만, 기본절차는 사용자의 요청사항 분석에서부터 설계 - 코딩 - 테스트 - 적용 단계를 거쳐 시스템을 개발하는 것이었다. 이후 8년여에 걸쳐 각 단계의 업무를 모두 수행해봤고, 회사에서 도입한 6시그마 방법론을 공부해서 블랙벨트 자격을 따기도 했다.

교육담당자로 바뀐 이후에는 교육 과정의 커리큘럼 설계, 교육의 성과 분석을 기본적으로 수행했다. 교육 내용은 주로 우리 팀이 개발한 자동화 시스템을 잘 활용하도록 하는 직무교육이었기 때문에, 교육대상은 생산현장의 거의 모든 임직원이었다. 뿐만 아니라, 소프트웨어를 개발하는 팀의 특성에 맞게 팀원의 IT 개발 역량을 강화하는 프로그램(Career Development Program)을 짜는 것도 나의 몫이었다.

부장 승진 이후에는 외주 개발 프로젝트 관리, 팀에서 주관하거나 참여하는 대외행사 기획 등을 수행했다. 마지막 미션은 당시 그룹 차원에서 주관했던 SW자격검정제도를 전 팀원이 합격하도록 이끄는 것이었다.

한 가지 특이한 것은 3년차 이후부터 꾸준히 조직문화의 담당자 역할을 해온 것이다. 처음에는 상조회장이라는 비공식 명칭으로 불리다가, 나중에 CA(Change Agent)라는 공식 직함이 생겼다. 물론 자신의 업무를 병행하는 봉사의 성격이 강했는데, 조직문화행사라던가 사외 봉사활동 및 사내 캠페인의 리더 역할을 주로 수행했다.

교육업무를 맡고 나서는 부서의 담당자를 넘어 팀 전체의 담당자가 되었다. 그러면서 팀의 월례회를 비롯해 거의 모든 팀 행사의 사회를 맡았다. 사보에 팀과 관련된 기사를 싣기 위해 취재를 돕기도 했다.

돌이켜보면, 나는 무언가 새로운 일에 대한 요청을 받으면 적극적으로 받아들였다. 그것이 새로운 부서였건 새로운 업무였건 새로운 관계였건 상관없이 경험해보고자 했다. 회사를 다니면서 여러 가지 새로운 일을 접했지만 '앞으로 계속 이 일만 하겠다'라는 생각을 해본 적은 없다. 그렇게 회사에서의 다양한 경험이 새로운 삶을 설계하는 데 큰 도움을 주었다.

나는 1인기업으로 독립했기에 그 당시의 경험이 소중한 자산이 되었지만, 회사를 다니고 있는 직장인도 크게 다르지 않다. 회사에서도 다양한 분야에서 멀티플레이어 역할을 할 수 있는 사람을 더 선호한다. 자신이 맡은 분야 이외에도 끊임없이 도전하고 학습해야 하는 이유다.

이제는 기대수명이 점차 늘어나 100세 시대가 눈앞에 다가왔다. 하지만 '직장수명'은 기대수명만큼 늘어나지 않았다. 불과 30년 전만 해도 존재했지만 1990년대 후반, IMF 이후 사라진 단어가 '평생직장'이다. 사실 '평생직장'이라는 단어도 나이 들어 죽을 때까지 다니는 직장이라는 의미는 아니고 정년까지 다닐 수 있는 직장이란 의미였다. 앞에서 얘기한 바와 같이 정년 때까지 회사를 다녔으면 평생 할 일을 다 했다고 생각했기 때문이었다.

이제는 정년퇴직 대신 조기퇴직이나 명예퇴직이라는 말이 등장했다. '퇴직(退職)'이라는 단어의 끝에 자리한 '직(職)'이라는 글자는 직업(職業)이 아닌 직장(職場)을 의미한다. 예컨대 퇴직을 한다 해도 일하는 공간[직장]만 달라질 뿐 나의 역량이나 기술이 축적되어 있는 직업이 사라지는 것은 아니다. 그런데도 대부분의 직장인들은 직장과 직업을 동일시하면서 무소속에 대한 두려움을 갖는다.

퇴직에 대한 두려움의 원인은 다양하다. 만약 수십 년간 익힌 기술이 그 직장에서만 인정받는 전문 기술이라면, 지금의 직장을 나오는 순간 다른 직장에서는 쓸모없는 것이 될 수 있다. 또는 내가 지닌 기술을 타인에게 어떻게 홍보해야 할지 막막할 수도 있다. 다시 말해 내가 지금 하고 있는 일이 향후 미래에도 계속 쓰임새가 있거나 꼭 필요한 일인지 생각해볼 필요가 있다. 미래 예측에 대한 열쇠 중의 하나가 바로 인공지능의 등장이다.

1990년대 중반에 내가 입사할 때만 하더라도 우리 회사에서는 생산라인당 수십 명의 인원이 필요했다. 작업자가 생산설비를 직접 조작해야 했기 때문이었다. 하지만 20년이 지나는 동안 설비의 자동화가 끊임없이 진행되었고, 이제는 무인 자동화시스템으로 생산이 가능하게 되었다. 제조산업을 벗어나 지식산업조차 컴퓨터가 도전장을 내미는 상황이 되었다.

2016년 상반기를 뜨겁게 달구었던 이슈 중의 하나가 이세돌 기사와 구글의 인공지능 시스템 알파고의 바둑대결이었다. '인간과 컴퓨터의 대결'을 앞두고 압도적인 승차로 인간이 이길 것이라는 예상이 많았지만 결과적으로 인간이 1대 4로 패배하면서 전 세계를 충격에 빠뜨렸다. 이후 각종 미디어에서는 '알파고가 하지 못하는 일'을 해야 앞으로 살아남는다는 기사가 쏟아졌다. 역설적으로 이세돌은 단 1승만을 거두었지만, 오히려 인간다운 바둑을 두었다며 인기를 얻었다.

한국고용정보원의 한 조사 결과에 따르면, 불과 10년 뒤 인공지능이 인간의 직업을 상당 부분 대체할 수 있을 것으로 보인다.

한국고용정보원은 어떤 직업들이 얼마나 인공지능 로봇으로 대체될 가능성이 있는지 알아보기 위해 2016년 6월부터 9월까지 약 3개월 동안 우리나라 인공지능·로봇 전문가 21명에게 설문조사를 실시했다. 조사 결과, 2025년경에는 인공지능 로봇이 본격적으로 사람의 일을 대체할 수 있을 정도까지 고

인공지능을 비롯해 누구도 넘볼 수 없는 능력을 갖는 것은 모든 직장인의 꿈이다. 그래서 오늘도 많은 직장인들이 어학을 비롯한 자기계발 분야에 귀한 시간을 투자하고 있다. 그렇다면 우리 인생의 목표는 결국 이 정글의 생존게임에서 살아남기 위한 것일까?

능력에 대한 기준은 개인마다 다르므로 정확한 정의를 내리기 어렵지만, 생존게임이라는 생각을 가졌다면 살아남는 데 필요한 기술과 업무에 올인할 수밖에 없다. 그리고 그 기술은 특정 영역에 집중하여 개발될 가능성이 높다. 다양한 영역을 다루기에는 현실적으로 시간과 자원이 부족하기 때문이다.

그런가 하면 넓게 멀리 보는 사람들도 있다. 지금 하고 있는 일에 국한하지 않고 다양한 분야를 탐구한다. 직장생활을 하면서 그럴 여유가 있느냐 물을 수도 있겠지만, 여유는 주어지는 게 아니라 만드는 것이다. 오랜 시간 한 우물을 파면 그 분야의 전문가가 될 수 있다. 이를테면 많은 사람들이 얘기하는 1만 시간의 법칙도 여기에 해당한다.

하지만 한 우물에만 익숙해지면, 다른 분야로 눈길을 돌리기 쉽지 않다. 새로운 일을 익히는 데 노력도 많이 들고, 풋내기 신입으로 시작하는 것이 자존심이 허락지 않을 수도 있다. 그래서 계속 남과 차별화된 자신만의 우물을 더 깊이 파 들어가고, 지금의 직장이 그 깊이를 인정해주었을 것이다. 그런데 그 우물의 깊이를 직장 밖 사회에서도 인정받을 수 있을까? 객관적으로 인정을 받기 힘들다면 지금 생존게임에서 헤어나지 못한 것이다. 조만간 직장에 대한 필요가 사라지면 효용가치가 매우 낮아질 확률이 높다. 예를 들어 인공지능으로 대체가 가능하다면 더 이상 그러한 능력이 필요 없기 때문이다.

나의 '몸값'은 순수한 기술력의 값어치만으로 산정되는 게 아니다. 조직문화에 대한 이해를 해야만 가능한 일이 있을 수도 있고, 외부에서 배울 수 없는 사업 비밀과 관련된 것일 수도 있다. 하지만 사업의 영역이 바뀌거나 조직의 운영방침이 바뀐다면 그 장벽은 언제든 무너질 수 있다. 따라서 직장 밖에서도 나를 필요로 하게 만드는 경쟁력을 갖춰야 한다. 어떤 직장을 다니느냐가 중요한 것이 아니라, 어떤 직업을 갖고 있느냐가 중요한 것이다.

내가 하고 있는 일이 어느 곳에서도 인정받는 직업이 된다면, 거꾸로 직장 내에서의 경쟁력 또한 높아지게 된다. 비록 회사나 상사의 명령에 따라 부여받은 일이라 할지라도, 다른 동료와 차별화되는 방식으로 새롭게 일을 해야 나의 가치가 빛난다. 지금 하고 있는 일을 포기하고 새로운 일만을 찾아나서지 말고, 어떤 일이라도 나만의 방식으로 해낼 수 있는 방법을 찾아보자. 그렇게 되면 내가 자신 있게 내세울 수 있는 평생직업이 생겨난다. 그것이 바로 퇴직에 대한 두려움에서 벗어날 수 있는 길이다.

**세줄요약**

- 평생직장과 평생직업은 다르다.
- 인공지능이 넘볼 수 없는 직업을 가져야 한다.
- 어떤 일이라도 나만의 방식으로 해낸다면, 그것이 바로 평생직업이 된다.

# 아무도 내 꿈을 대신 찾아주지 않는다

반백 년(?)에 가까운 지난 삶을 돌아보니 회사에 입사할 때까지 나는 이렇다 할 미래의 꿈이 없었다. 초등학교 무렵에는 막연히 과학자가 되는 것이 꿈이었고, 중고등학교 때는 좋은 성적을 받는 게 삶의 목표였다. 대학생이 되어서도 어떻게 하면 학점을 잘 받을까를 고민했고, 졸업이 가까운 4학년 때는 좋은 직장에 들어가는 것이 인생 최대의 목표였다.

지난 내 삶의 절반쯤 지난 시점에 대기업 입사를 했으니, 당시 인생의 목표를 달성한 셈이었다. 그리고 성공한 직장인이 되겠다는 새로운 꿈을 꾸면서 잠깐의 황금기를 보냈다. 학창시절의 '성적' 대신 '고과와 승진'으로 목표가 바뀐 것뿐.

직업이 안정을 찾게 되자 결혼을 해서 행복한 가정을 꾸리고 싶다는 꿈이 생겼다. 입사하자마자 지금의 아내를 소개받고 2년 만에 결혼식을 올렸다.

우리 부부의 꿈은 빨리 경제적 독립을 하는 것이었다. 한마디로 빨리 돈을 많이 벌자는 것이었다. 둘이서 1박 2일 워크숍을 떠나 '5개년 계획'을 세우기도 했다. 아들이 10년 후에야 태어난 것이 계획 밖의 일이었지만, 대체로 계획을 크게 벗어나지 않았다.

그렇게 회사를 다니다가 10년차가 될 무렵 인생의 전환점을 맞는 사건이 있었다.

당시 우리 부부에게는 아이가 없었다. 특별한 이유 없이 아내가 세 차례 유산을 겪었는데, 마지막 유산은 암으로 바뀔 수도 있는 위험한 고비였다. 아내와의 상의 끝에 딩크(Double Income No Kids)족의 삶도 괜찮겠다는 결론을 내렸다.

하지만 시간이 지날수록 사소한 문제를 갖고도 아내와 다투는 횟수가 늘었다. 결국 부부상담을 받기로 했는데, 당시 나는 모든 문제가 아내에게 있다고 생각했다. 그런데 상담 결과 나에게도 무의식적으로 내면에 쌓인 문제점들이 많다는 것을 알게 되었다. 그 일을 계기로 인간 내면의 문제에 접근하는 심리상담의 매력에 빠졌고, 본격적으로 공부를 시작하게 되었다. 생전 처음으로 공부가 재미있었고, 내 삶에서 뭔가 하고 싶은 꿈이 생겼다.

하지만 꿈과 현실 사이의 격차는 컸다.

대학원 전공을 마치고 심리상담사의 길로 가기까지 몇 년 동안 수입이 없다는 게 가장 큰 걸림돌이었다. 아내와 상의 끝에 내 나이 30대 중반에 승부수를 던져보기로 했다. 우선 장기적인 공부가 될 것으로 예상하고 직업을 교사로 바꿔보기로 한 것이다. 일반 회사와 달리 '방학'도 있고, 공부하기에도 좀 나은 여건이라는 판단에서였다. 다시 수능을 쳐서 교대를 가야 했지만, 이를 악물고 도전해보기로 했다.

그런 각오로 회사에 사표를 냈는데, 인사담당 부장이 마침 팀 교육담당자가 공석이라며 그 업무를 제안했다. 우리 부부는 다시 상황을 검토했다.

내가 심리상담을 선택한 이유는 사람에 대한 관심을 바탕으로 누군가의 삶을 도와주는 소명에 눈을 떴기 때문이었다. 그런데 넓게 보자면 임직원의 성장을 돕는 교육업무도 크게 다르지 않았다. 그리고 이제는 어떤 일을 선택할 것인지 내가 주도권을 갖게 되었으므로 나의 뜻과 맞지 않는다면 언제든 그만두면 될 터였다.

그렇게 교육업무를 맡게 되면서 회사생활 후반 10년 동안 내 꿈을 키워갈 인큐베이팅 환경이 마련되었다.

돌아보면 미래의 꿈을 놓고 정말 치열하게 고민했던 시절이었다. 누군가의 조언을 크게 기대하지 않았고, 모든 결정에 대한 책임은 내가 져야 한다고 굳게 결심했다. 입사를 할 때까지만 해도 나는 주변 사람들의 시선과 경제적 조건들을 따졌다. 그게 나의 꿈이라고 착각했다. 다른 사람들의 눈에 좋아 보이는 삶 말이다.

물론 1인기업이 된 지금의 내 삶을 부러워하는 사람도 많다. 하지만 지금의 부러움은 더욱 나은 환경에 대한 부러움이 아니라 내가 내 꿈을 스스로 선택할 수 있는 자유에 대한 부러움이다. 꿈을 찾는다는 게 쉽지는 않지만 불가능한 것도 아님을 다시금 깨닫게 된다.

나는 정기적으로 에니어그램 성격유형 검사를 활용한 자기탐색 프로그램을 개설한다. 에니어그램의 9가지 유형 중에서 자신이 어느 유형에 속하는지, 자신의 성장 방향을 어떻게 잡아야 하는지를 찾아본다.

에니어그램은 9가지 유형이 모두 자신 안에 있다는 가정 아래에서 검사를 시행한다. 그 유형들 중 가장 자주 나타나고, 내 삶의 모습을 가장 크게 구분 짓는 한 가지 유형을 집중하여 다루게 된다. 수십 개의 설문 문항을 보고 자신과 얼마나 가까운 내용인지 점수를 매겨 결과를 분석한다. 결과를 정리하여 각 유형별로 성격의 특징과 장단점을 알려주면, 모두들 신기해하면서 자기 자신을 속속들이 알려주는 것 같다는 피드백을 주었다.

많은 사람들이 자신에 대해서 궁금해하기 때문에, MBTI를 비롯하여 다양한 성격유형 검사가 존재하고, 검사의 인기가 높기도 하다. 검사를 요청하는 사람들은 스스로 자신의 성격이나 장단점을 잘 모르기 때문에 무슨 일에서 강점을 보이는지, 앞으로 무슨 일을 해야 할지 잘 모르겠다고 한다. 이렇게 자신을 잘 알지 못하니 조직이나 회사에서 주어진 일을 꾸역꾸역 해내고 있는 것이다.

반면 지금 하는 일이 적성에 잘 맞는다며 열심히 하는 분들도 많다. 그런 분들은 주변에서 다들 부러워하는 사람들이다. 하지만 타인의 인정이나 칭찬을 받다 보면 진짜 자신의 적성이 무엇인지 헷갈릴 수도 있다. 이를테면 무의식 속에서는 자신이 싫어하는 일이었는데, 주변에서 잘한다고 응원을 해주니까 자신이 그 일을 좋아한다고 생각하는 경우도 있다. 그러다 실수를 하거나, 그 일의 결과가 좋지 않아 비난을 받으면 '내가 왜 이 일을 하는가' 자괴감에 빠질 수도 있다.

자, 여기에서 자신에게 질문을 한번 던져보자. 나에게는 '잘하는 일'이 중요할까, '잘하고 싶은 일'이 중요할까?

지금 하고 있는 일을 잘해야 먹고살 수 있다고 믿는 사람은 '잘하는 일'이 중요할 것이다. 그런 사람은 '하고 싶은 일'을 나중에 여유가 생길 때까지 미뤄둔다.

만약 '잘하는 일'과 '하고 싶은 일'이 같다면, 그는 꿈을 이룬 사람이다. 하지만 대부분의 사람들은 하고 싶은 일을 모두 잘할 수는 없다. 어떤 일을 잘하기 위해서는 시간과 노력을 투자해야 하기 때문이다. 다시 말해 익숙해질 때까지 계속 연습을 해야 한다는 뜻이다. 그런데 쓸 수 있는 비용과 시간은 정해져 있으니, 하고 싶은 모든 일에 투자를 하는 게 아니라 선택과 집중을 통해서 연습을 해야 한다. 그러자면 다시 처음으로 돌아가 자신이 잘하고 싶은 일에 우선순위를 매기고, 제일 잘하고 싶은 일부터 노력을 해야 한다.

그러자면 우선 자신이 하고 싶은 일을 찾아야 한다. 자신의 꿈을 찾아 계속 방황만 하는 사람도 있고, 자신도 자신을 잘 모르겠으니 찾아달라고 하는 사람도 있다. 이를테면 "당신이 전문가니까 나를 요리조리 분석해서 내가 갈 길을 알려달라" 하는 것이다. 한마디로 자신의 꿈을 찾아달라, 자신의 인생을 결정해달라는 것과 같다. 대한민국 학창시절의 수동적 교육이 성인의 삶을 그렇게 만들었는지도 모르겠다.

지금도 많은 부모들이 자녀의 적성을 잘 몰라 거의 모든 예능을 시키고 있다. 그러다 보니 유치원 시절부터 온갖 학원 투어가 시작된다. 그러면서 학원에 가기 싫다는 아이와 몇 달 만이라도 시켜보고 싶은 부모의 욕심이 늘 다툼을 일으킨다. 솔직히 말하자면 나도 부모의 입장에서 아이가 좋아하는 적성을 찾았으면 하는 바람이 있다.

그렇다면 적성과 재능은 어떻게 다를까? 많은 부모들이 적성과 재능을 혼동하는 듯하다. 한마디로 얘기하자면, 적성은 '잘하고 싶은 일'이고, 재능은 '잘하는 일'이다. 물론 적성과 재능이 일치하는 경우도 있기도 하지만, 대개 재능은 공부를 잘한다거나, 예체능 특기가 있다거나, 사업수완이 좋다거나 하는 것처럼 그 사회에서 인정을 받는 일들이다. 인정을 받는다는 것은 남들의 부러움을 받는다는 얘기이기도 하다. 그렇다 보니 적성보다는 부와 명예가 따르는 재능을 좇는 경우가 많다.

그렇게 남들에게 보기 좋은 일에 열중하다가 어느 순간 내가 하고 싶은 일에 눈을 뜨게 된다. 가령 그 재능이 따르는 일을 더 이상 할 수 없게 되거나, 재능보다는 적성에 맞는 일을 찾고자 하는 경우다.

지금 이 순간에도 자신의 꿈보다 주어진 일에 묵묵히 열중하는 사람들이 더 많다. 하지만 안타까운 것은 자신의 꿈을 시작하지는 않더라도, 그 꿈이 무엇인지 생각할 여유조차 없다는 것이다. 지금 하고 있는 일도 벅찬데 그럴 여유가 어디 있느냐고 반문할지도 모른다. 그렇다면 지금 하고 있는 일을 언제까지나 계속하리라는 확신을 갖고 있는가?

본질적인 질문은 이것이다. 지금 하고 있는 일을 정말 좋아하는가? 만약 지금 하고 있는 일이 즐겁거나 좋아하는 일이 아니라면, 미리 준비를 해두어야 한다. 나중에 경제적 걱정 없이 배움에만 전념할 수 있다면 그때 시작할 수도 있지만 현실은 녹록하지 않다. 빚 없이 살기 힘든 요즘 시대에 거액의 유산이나 복권 당첨 없이 내 꿈에 투자를 할 여력은 많지 않다. 여유가 생기면 시작하지 말고 지금부터라도 조금씩 준비를 해두는 게 낫다.

누구나 자신의 일상 고민을 누군가 대신해주면 좋겠다는 생각을 한다. 하물며 미래의 내 인생을 족집게처럼 맞춰 정리해줄 사람이 있다면 얼마나 좋을까. 자신이 하고 싶었던 일을 골라, “○○○을 하시는 게 좋겠군요. 그러자면 앞으로 ○○○을 준비하셔야 합니다”라고 조언을 준다면 정말 좋겠지만, 그런 마법사는 세상에 존재하지 않는다. 만약 누군가 그런 조언을 준다고 할지라도 그 행복은 결코 오래가지 않을 것이다. 자신이 고민하고 준비한 것이 아니므로 '내 인생'이라고 여길 수 없기 때문이다.

누군가 제시한 인생은 결코 자신의 인생이 될 수 없다. 다만 그 준비과정에서 자기탐색 프로그램을 활용하거나, 인생의 길잡이가 될 좋은 책을 읽는 것은 필요하다. 탐색과 책에 대한 얘기는 뒷부분에서 다시 자세하게 얘기해보도록 하겠다.

잊지 말아야 할 것은 '언젠가 해야지'라고 미루는 순간 그 일들은 영원히 하지 못할 숙제로 남는다는 것이다. 내 꿈은 누군가 찾아주는 게 아니기 때문이다.

# 휴가는 낭비하는
# 시간이 아니다

직장인에게 휴가는 하늘이 주신 선물이다. 학창시절에는 방학이 그렇게 소중한 시간인 줄 미처 몰랐다. 20년 동안 회사를 다녔지만, 기억나는 휴가는 그리 많지 않다. 휴가는커녕 주말마저 반납했던 시절도 있었다. 지인의 소개로 아내와 처음 만나던 날조차 일요일에 양복을 입고 출근해서 서둘러 일을 마치고 서울 명동 약속장소에 한 시간 늦게 도착했을 정도였다.

입사 2년차에 대략 열흘간 다녀온 신혼여행 이후, 휴가 때는 며칠 동안 집에서 밀린 일거리를 정리하거나 스트레스 해소를 핑계로 하루 종일 게임을 하면서 보냈다. 그러니 기억에 남는 휴가가 없는 것은 당연하다. 그럼에도 매번 휴가 마지막 날은 무언가 아쉬움이 남고, 시간을 낭비했다는 자책을 하기도 했다.

　　그러다 입사 10년차에 부부상담을 계기로 아내의 생일 선물을 겸해서 호주와 뉴질랜드 여행을 다녀왔다. 당시로서는 파격적인 10일간의 여행이었다. 다시 신혼여행을 온 듯했고, 천국과 다름없는 이국적인 풍경에 영혼이 맑게 정화되는 느낌이었다.

　　사실 여행을 떠나는 것은 쉽지 않은 결정이었다. 그동안 여행을 못 갔던 가장 큰 이유는 바로 나 자신 때문이었다. 그 당시 부서장도 흔쾌히 다녀오라고 했지만, 내가 없으면 업무에 차질이 생길 것 같은 막연한 두려움에 주저했다. 그러나 막상 로밍을 해간 휴대폰으로는 긴급한 연락이 한 건도 오지 않았다. 물론 동료들의 배려 덕분이었지만, 내가 없어도 회사는 문제없이 돌아갔다.

　　다음 해에도 제주도 여행을 다녀왔다. 그 후 아들이 태어나 한동안 여행을 다녀오지 못했고, 아들이 일곱 살이 된 뒤에야 다시 여행을 시작했다. 사실 여행만큼 알찬 휴가는 없는 듯하다. 책을 읽거나 영화를 봐도 날짜가 하루씩 쪼개지면 더 이상 기억에 남지 않는다. 평소의 주말과 다름없는 시간이 되어버린다.

　　요즘에는 연중 아무 때나 휴가를 낼 수 있지만, 어느 해 휴가에 무얼 했는지 기억을 더듬어보면, 여행을 다녀온 기억이 가장 많이 남는다. 주변 동료들도 가족과 함께 여행을 다녀오는 게 일반적이었다. 그런데 한 동료는 입사 20주년 기념으로 회사에서 준 20일 휴가에 입사 동료와 함께 유럽을 다녀왔다. 가족과의 여행도 좋지만, 때로는 자신에게 새로운 의미를 주는 색다른 이벤트를 마련해도 좋을 것 같다.

　　원고를 쓰고 있는 지금은 한여름. 찜통 같은 더위가 물러날 기미를 보이지 않는다. 예년에 비해 훨씬 덥고, 전기료 폭탄 걱정에 에어컨도 마음대로 사용할 수가 없다. 도대체 이 여름이 언제 끝날까 싶은데, 그래도 아침저녁으로 공기가 달라지고 있음을 느낀다. 이런 여름이 바로 직장인들에겐 휴가가 있는 계절이다.

요즘은 휴가에 대한 개념이 많이 자유스러워져서 연중 아무 때고 쓸 수 있다. 그래서 굳이 특정 계절을 고집하지 않는 경우도 늘고 있다. 하지만 아직은 남들 쉴 때 같이 쉬는 경우가 많다. 특히 자녀들의 방학기간에 맞춰서 쉬는 게 보통이다. 그러다 보니 7월 말에서 8월 초가 휴가의 절정을 이루게 된다. 이맘때 뉴스마다 고속도로 정체상황이 빠지지 않는 것을 보면 우리네 삶이 크게 다르지는 않은 것 같다.

취업을 한 이후 가장 큰 변화 중의 하나는 휴가가 아닐까 싶다. 한 달 이상의 방학은 이제 추억일 뿐이다. 일주일 쉬는 것조차 눈치를 보는 경우가 많다. 최근 장기근속 휴가나 육아휴가가 늘어나는 추세이긴 하지만, 아직 직장생활의 대세로 자리 잡은 것은 아니다. 오히려 장기휴가는 직장을 잃을 수도 있다는 두려움에 감히 꿈조차 못 꾸는 게 다반사다.

사정이 그렇다 보니 연휴가 아닌 다음에야 평일에 며칠을 연달아 쉰다는 것은 1년이나 반년을 기다려야 얻을 수 있는 귀중한 기회다. 특히 미혼인 경우에는 해외여행이 1순위 목표인 경우가 많은데, 지금의 직장생활은 그 휴가를 위해 버텨내야 할 삶처럼 여겨지기도 한다. 브라질 사람들이 단 며칠의 카니발을 위해 1년을 일하는 것과 비슷하지 않을까 싶다.

이렇게 귀중한 휴가이다 보니 결코 허투루 보낼 수가 없다. 경우에 따라서는 출퇴근할 때보다 더 빡빡하게 일정을 잡기도 하고, 생애 다시 못 올 기회처럼 시간과 돈을 투자하기도 한다. '휴가'라는 본래의 뜻과 반대로 오히려 전투와 같은 일상을 보내기도 한다. 그냥 아무것도 하지 않고 집에서만 뒹굴다 오는 사람도 있기는 하지만, 경제적 여건만 된다면 어떻게든 고급스러운 휴가를 보내고 싶은 게 사람의 마음이다. 어찌 보면 명품을 소유해야 나의 가치가 올라가는 것처럼 여기듯, 휴가도 명품 휴가를 다녀와야 한다고 여기는 것은 아닐까?

치열한 휴가일수록 심신의 피로와 후유증이 깊이 남는다. 출근 전날은 지옥과 다름없고, 다음 휴가 때까지 어떻게 버틸지 마음속으로 중무장을 다시 해야 한다.

힘들게 다녀온 휴가는 과연 누구를 위한 것인가. 미혼이라면 멋진 추억으로 남을 수도 있겠지만, 자녀와 함께한 휴가는 의무일 수도 있다. 남들이 다 가니까, 우리 아이만 주눅들 수 없어서, 이때 아니면 또 언제 가겠나 하는 보이지 않는 동의에서 출발하는 어쩔 수 없는 휴가.

물론 온 가족의 행복한 추억을 만드는 경우도 많다. 하루 이틀의 캠핑만으로도 가족관계가 더 돈독해질 수 있다. 휴가를 다녀와서 '나는 행복했는가' 하고 스스로 물어보면 알 것이다. 가족을 위한 희생이었는지, 나에게도 의미 있는 시간이었는지……. 혼자 다녀온 여행일지라도 일상에 찌든 삶에 대한 시원한 복수였는지, 나를 위로하는 뜻깊은 시간이었는지를 물어보라. 혼자 가건, 가족과 함께하건 나 자신을 위한 휴가였는지 돌아볼 필요가 있다. 의미 없는 시간을 다음 휴가에 또 반복하면 안 되니까.

휴가는 흔치 않은 여유의 시간이다. 규칙적인 일상에서 벗어나 나를 돌아볼 수 있는 시간이기도 하다. 지나온 시간과 다가올 시간을 바라볼 수 있는 기회다. 사랑하는 사람들과 함께 본다면 더욱 뜻깊은 시간이 될 것이다. 그냥 온몸으로 즐기면 될 휴가에 이렇게 의미를 부여하는 것은, 내 꿈을 찾겠다는 이 글의 목적 때문이다.

앞에서는 주로 여행과 관련된 이야기를 썼지만, 자신에게 의미를 주는 이벤트라면 어떤 것이든 좋다. 내 인생을 바꿀 책을 선정해서 시리즈로 독파해도 좋고, 인생을 돌아보는 명상이나 힐링 프로그램에 참여해도 좋다.

휴가는 삶을 위한 재충전의 시간이다. 매주 주말이 주어지지만, 대부분 정해진 패턴에 따라 움직인다. 무엇을 하느냐가 다를 뿐, 직장생활과 마찬가지로 규칙적인 일을 한다. 그 규칙에서 벗어나는 일탈이 휴가다. 평소에 못 해봤거나 꿈꿔왔던 것들을 시도한다. 단조로운 나의 삶에 무언가 변화를 주는 것이다.

그 변화가 휴가가 끝남과 동시에 사라진다면, 나의 삶은 이전과 달라질 게 없다. 다시 변화가 찾아올 때까지 반년 이상의 시간을 의미 없이 견뎌야 한다. 4계절이 있는 곳에서 자라는 나무는 나이테를 가지면서 성장을 한다. 성장의 틈에 잠시 머물러 숨을 고른 시간이 나이테다. 그래서 나이테 없는 열대우림의 나무보다 더 값어치가 있다. 우리의 삶에도 휴가라는 나이테가 필요하다.

⬇ 세 줄 요약

- 휴가는 누구보다도 나를 위한 시간이다.
- 누군가에게 보여주기 위한 과시용 휴가는 필요 없다.
- 나의 삶에 쉼의 나이테를 만들어주는 멋진 휴가를 보내자.

# 직장 우울증은
# 누구에게나 올 수 있다

입사 16년차를 맞이하던 40대 초반에 우울증이 찾아왔다. 지금 와서 생각해보면 다양한 요인이 함께 몰리면서 내 마음이 이겨내기 힘들었던 듯싶다. 가장 직접적인 요인은 20년 지기 친구의 갑작스러운 죽음이었다. 대학 1학년 때부터 친구였는데, 바로 내 뒤 학번이라 오리엔테이션 때 첫인사를 나누었다. 대학 6년 동안 같은 동아리였고, 스터디와 리포트를 함께했고, 여자친구에 대한 고민도 함께 나눈 사이였다. 학교를 졸업하고 각자의 회사를 다니면서도 고민을 함께했고, 결혼 후 부부동반 모임도 자주 했다.

지금도 부고 소식을 들었던 그날이 잊히지 않는다. 눈이 부시게 화창한 5월 중순이었다. 하필 그날은 관계사 포함 100명이 넘는 인원의 회식을 내가 주관하는 날이었다. 당시에는 회식이 일찍 시작해서 일찍 끝나던 때라, 아직도 쨍한 햇볕이 식당 안에 내려쪼였다.

　정신없이 바쁜 와중에 휴대폰에 그 친구의 번호가 떴다. 평소 문자를 주로 하고 직접 전화를 안 하던 친구였는데, 휴대폰이 울리니 갑자기 머리가 쨍하게 울리면서 뭔가 가슴이 뛰기 시작했다. 떨리는 마음으로 전화를 받으니, 친구의 처남이란다. 갑작스러운 교통사고로 유명을 달리했다며, 휴대폰 친구 목록 맨 위에 있는 나에게 전화를 했단다. 8년 전 아버님이 돌아가신 뒤 가까운 사람의 죽음은 처음이었다.

　장례식은 오히려 덤덤했다. 친구의 아내에게도 뭐라 해줄 얘기가 없었다. 동아리와 학교 친구들에게 부고를 알렸다. 3일 내내 빈소를 지키며 찾아온 선후배들과 얘기를 나눴다. 발인을 마치고 집으로 돌아온 날 저녁, 갑자기 한 없는 슬픔이 몰려왔다. 바로 옆에서 그의 목소리가 계속 들렸고, 음치였던 그 친구가 노래방에서 불렀던 노래가 환청처럼 들려왔다.

　그해는 내가 부장 승격에서 1차 누락된 해이기도 했다. 10년차에 교육으로 업무를 전환하면서, 첫해에 성과를 내지 못해 최하위 고과를 받았던 게 타격이었다. 그 후 2년 뒤에 본격적인 성과와 더불어 최상위 고과를 받아 평균을 만회하긴 했지만 친구의 죽음까지 맞았던 그해에는 동기들의 부장 승격을 축하해주어야 했다. 승격이 누락되는 것은 나 혼자의 문제가 아니었다. 회사 전체의 승격 대상자와 다시 업무 성과 경쟁을 벌여야 함을 의미했고, 직속 상사와 부서장은 성과 기대가 큰 프로젝트를 맡기고 우선적으로 챙기고 홍보해야 함을 뜻했다.

　그런 뜻에 따라 내가 맡은 프로젝트는 교육업무와는 다소 거리가 있는 관계사 협업 프로젝트였다. 넓게 보면 관계사의 역량을 향상하여 개발효율을 높이는 일이었다. 즉, 관계사 교육을 포함해 자사-관계사 협력을 증진시키는 일이었지만, 개발업무를 두고 성과의 시각 차이를 비롯해 서로의 눈높이가 달라 갈등을 빚는 경우가 많았다. 관계사 비용 정산 업무도 해야 했기에, 경영지원 부서와의 조율도 엄청난 스트레스였다.

결국 공황장애 증상으로 가슴이 쪼개지는 듯한 통증이 나타나기 시작했다. 그나마 그 상황에서 도움이 되었던 것은 내가 심리학을 공부했다는 점이었다. 병원의 검진에서도 특별한 이상 결과가 없었기에 심리적 원인임을 깨닫고, 사내 상담센터를 찾았다. 친구의 죽음에다 업무상 스트레스가 겹쳐 상황이 악화된 것이었다. MMPI검사를 실시한 결과 우울증 척도가 심각한 상황이었다. MMPI(Minnesota Multiphasic Personality Inventory)는 정신건강의학 측면에서 하는 검사로써, 성격유형 검사인 MBTI(Myers-Briggs Type Indicator)와 검사 목적이 다르다. 우울증/히스테리/강박증/경조증 등의 척도를 검사한다.

몇 달에 걸친 전문상담사의 상담을 받고, 회사에서 마련해준 외부 힐링캠프 프로그램에도 참여했다. 결국 내가 깨달은 것은 이 모두가 내가 극복해야 할 과제라는 것이었다.

당시에는 힘들었지만, 시간이 흐르면서 자연스럽게 치유가 되었다. 친구의 죽음은 해마다 5월이면 내가 네 몫까지 더 열심히 재미있게 살겠다는 다짐 의식이 되었다. 1년 동안 더 열심히 노력한 끝에, 다음 해 부장 승격을 하였고, 관계사 프로젝트도 자리를 잡아가면서 몇 년 뒤 다른 담당자에게 이관하였다. 당시에는 죽을 것처럼 힘들었던 일들도, 나중에 되돌아보면 나의 성장에 밑거름이 되지 않았나 싶다. 다만 어떻게 우울증에 슬기롭게 대처하느냐가 중요하다.

요즘 사회적으로 우울증 문제가 중요하게 다뤄지고 있다. 매일 강력범죄나 자살과 관련된 뉴스를 접하는데, 대부분 우울증 관련성을 반드시 얘기한다. 보통 사람들은 뉴스 당사자가 우울증에 접어든 사연을 보고 측은한 마음을 느끼기도 한다. 대부분 우울했던 경험을 한 번쯤은 가져봤기 때문일 것이다.

우울증이 있는 척 연기하는 파렴치한에게는 그 가식적인 모습 때문에 몇 배의 분노를 느끼기도 하지만 우울증의 원인이 바로 직장에 있다면 정말 안타까운 일이다. 모든 직장인이 우울증을 겪고 있는 것은 아닐 테지만, 많은 사람들이 스스로 우울증인지조차 모르고 지나친다.

최근 한 신문에서 우울증에 대한 기사를 실었다. 나는 우리 사회가 우울증을 아직은 부정적으로 보기 때문에 설문 결과가 다소 적게 나왔다고 생각했다. 다음은 그 기사의 내용이다.

> 직장인 중 우울증을 겪는 사람이 적지 않다. 강북삼성병원 정신건강의학과 임세원 교수팀이 지난해 1~7월 중 강북삼성병원에서 건강검진을 시행한 사람 중 직장인 9만 5,079명을 대상으로 우울증이 있는지 살폈다. 그 결과 남성 중 2.4%가, 여성 중 8%가 우울증 환자였다.
>
> 임세원 교수는 "직장인 우울증 환자는 우울한 감정보다는 성과 저하 등의 증상이 두드러지게 나타나고, 환자 상당수가 자신이 우울한 줄도 모르기 때문에 우울증을 발견하기가 어렵다"며 "조기 발견을 위해 직장인 우울증 특성을 알아둘 필요가 있다"라고 말했다.
>
> \- 헬스조선 2016. 9. 27.

위 기사처럼 자신이 우울한 줄도 모르는 경우가 많다. 오히려 평소보다 업무 실수가 잦아지고, 화를 내는 자신에 대해 더 엄격해질 수도 있다. 당연히 우울증은 더 악화된다.

우울증이라 하면 약을 복용하거나, 일을 그만두어야 한다고 생각할지도 모르겠다. 또는 그 정도까지 심각한 상황이 아니라고 스스로 판단할지도 모른다. 하지만 우울증도 병이다. 모든 병은 초기에 정확한 진단이 중요하다. 진단의 결과에 따라 가벼운 운동이나 취미만으로도 큰 효과를 볼 수도 있고, 필요에 따라 상담이나 약물처방을 받기도 한다. 우선 무기력하다거나, 짜증의 횟수가 늘어나거나, 업무적으로 성과나 아이디어가 잘 나오지 않는다면 자신을 돌아보는 게 좋다. 나만 그런 게 아닐까 여기는 것은 아주 큰 오해다. 많은 사람들이 비슷한 문제로 같은 어려움을 겪는다. 인터넷에서 조금만 검색하면 다양한 상담소가 있으니 찾아보길 권한다. 내 경우에도 상담소를 적극 활용했고, 신체활동이 부족해서 아침마다 달리기를 시작했다.

우울증은 혼자 외롭게 지낸다고 찾아오는 병이 아니다. 주부 우울증도 있긴 하지만, 직장에서의 대인관계 스트레스로 우울증이 올 수도 있다. 업무상 어려움도 그 원인을 계속 파고들어가다 보면, 결국 사람과의 문제가 가장 큰 걸림돌인 경우가 많다. 특히 상사를 비롯한 부서 동료와의 갈등에 어떻게 대처하고 있는지 주변 지인들과 얘기를 나눠보고, 객관적인 조언을 들어보자.

우울증은 내가 다른 사람들보다 마음이 나약해서 생기는 병이 결코 아니다. 건강한 사람에게도 면역력이 떨어지면 감기가 찾아오듯이, 스트레스로 마음의 면역력이 떨어질 때 생기는 병이다. 감기에 걸리면 충분한 휴식과 영양을 섭취하듯이, 우리의 마음에도 위로와 격려를 주도록 하자.

- 우울증은 마음의 감기와 같다.
- 속으로 끙끙 앓지 말고, 전문가의 상담을 받도록 하자.
- 우울증은 누구에게나 올 수 있다. 훌륭하게 극복하면 오히려 마음이 더 단단해진다.

# 하던 일만 계속하면
# 슬럼프에 빠진다

나는 모두가 부러워하는 대기업에 입사했지만, 초반 몇 년간은 슬럼프로 고생했다. 계속 새로운 일을 배워가는 단계였기에, 새로운 일을 맡을 때마다 할 수 있는 일이 별로 없었기 때문이다. 조금 일이 익숙해졌다 싶으면 새로운 업무가 할당되었고, 그럴 때마다 바닥에서부터 다시 공부를 해야 하는 느낌이었다. 무척 무능력한 사람처럼 느껴졌고, 자존심이 상하기도 했다. 특히 후배 앞에서 상사의 질책을 받을 때면 '계속 회사를 다녀야 하나' 하는 생각도 들었다.

대략 5년쯤 지나서야 무슨 일이 주어지건 스스로 감을 잡고 도움 없이 일을 할 수 있었다. 그래서일까? 20년 전 입사할 당시에는 '입사 1년, 3년, 5년차에 퇴사에 도전한다'라는 우스갯소리가 있었다. 5년을 버티면 그 후에는 회사에 제대로 적응해서 오랫동안 다니게 된다고 했다.

5년이면 대략 직급상으로는 대리 정도가 된다. 사원급과 과장급의 중간 쯤에 해당하는 위치인데, 소소하게 해야 할 일도 많지만 과장·부장의 업무를 보좌해서 핵심적인 실무를 챙겨야 하는 위치이기도 하다. 예를 들자면 신입사원의 업무도 챙겨봐야 하고, 과장이 요청하는 데이터를 준비하거나 분석하는 업무도 해야 한다.

신입사원 때는 할 줄 아는 게 없어서 슬럼프에 빠졌다면, 어느 정도 경력이 쌓이면 소위 '지겨워서' 슬럼프에 빠졌다. 내 일은 내가 아니라 누구라도 할 수 있는 일처럼 느껴졌고, 하루하루가 단순 반복 업무처럼 느껴질 때도 있었다. 뭔가 새로운 일이 없을까 은근히 기대했고, 연초가 되면 부서장이 확 바뀌거나 조직도가 완전히 뒤집어지지 않을까 기대하기도 했다. 하지만 그런 일은 거의 일어나지 않았다. 그리고 오랫동안 회사를 다니다 보니 슬럼프는 몇몇 부적응자의 문제가 아니라 대부분의 직장인들이 겪는 일반적인 현상임을 깨닫게 되었다.

한 가지 재미있었던 것은 회사를 오래 다닐수록 슬럼프가 줄어든다는 것이었다. 내 경험을 돌아보면, 직급이 낮을수록 본인 스스로 기획해서 할 수 있는 일의 범위가 작았다. 즉 업무의 대부분이 상사나 선배가 시키는 일이었고, 그나마 일의 목적과 이유를 설명해주면 다행이었다. 가끔은 무작정 이유도 모르고 해야 하는 일들도 있었다. 그러면 일의 동기부여도 안 되고 왜 그 일을 해야 하는지 짜증도 났다.

그러다 경력이 늘고 직급이 올라가면 자신이 직접 기획하는 영역이 늘어나고, 목적과 방향을 고려하면서 업무를 하게 된다. 여전히 부하직원의 업무도 챙기고 윗선에 보고도 해야 하지만, 주인의식과 책임감이 늘어나는 셈이다. 상대적으로 슬럼프가 생겨날 틈이 적어진다.

직장을 다니다 보면 거의 누구나 한 번쯤 슬럼프를 겪는다. 대개 운동선수가 경기 결과가 평소에 비해 계속 안 좋을 때 슬럼프에 빠졌다는 표현을 쓴다. 국립국어원의 설명에 따르면 '운동경기 따위에서, 자기 실력을 제대로 발휘하지 못하고 저조한 상태가 계속되는 일'이라고 한다. 슬럼프 이외의 단어를 찾기 어려울 정도로 거의 일상용어처럼 쓰고 있다. 그만큼 직장생활에도 슬럼프가 깊이 자리 잡고 있다는 얘기다.

누구는 신입사원 시절에 겪었다 하고, 매년 주기적으로 겪는다는 사람도 있다. 하지만 슬럼프에 빠질 틈조차 없이 바쁘게 살아가는 직장인들도 많다. 그럼에도 슬럼프는 당사자에게는 힘들고도 중요한 문제다. 다음 신문기사를 보면, 슬럼프 때문에 직장을 그만두는 경우도 적지 않다.

온라인 취업포털 사람인이 직장인 1,337명을 대상으로 '직장생활 중 슬럼프 겪은 경험'을 주제로 설문 조사한 결과를 9일 발표했다. 이에 따르면 응답자의 85.8%가 '슬럼프를 겪은 경험이 있다'고 대답했다. 슬럼프 증상(복수응답)에는 '무기력·의욕상실(75.2%)'이 대표적. 그 다음으로 △잦은 피로 누적(52.3%), △신경과민(45.6%), △집중력 저하(42.8%), △자신감 상실(39.9%), △화 등 감정 절제 못함(30.6%), △업무 성과 저하(25.4%), △사람들과 어울리지 못함(17%) 등의 순이었다.

슬럼프가 미치는 영향(복수응답)은 어떨까? 응답자의 74.7%는 슬럼프로 인해 직장생활에 지장을 받고 있다고 입을 모았다. 세부적으로는 △업무성과 저하로 평판·평가 나빠짐(33.8%), △점점 직속상사의 신뢰 잃음(32.6%), △충동적으로 퇴사하게 됨(30.6%), △자꾸 혼자 있다 보니 고립됨(27.9%), △동료와 다툼 등으로 껄끄러운 관계 발생(22.3%) 등을 들었다. 이로 인해 68.9%는 퇴사 충동까지 느낀 적이 있다고 털어놨다. 실제로 퇴사로 이어진 무려 86%의 직장인이 슬럼프의 경험이 있고, 그 당시에 무기력과 의욕상실이 찾아왔으며, 약 70%는 어려움을 넘어 퇴사 충동을 느꼈고, 27%는 실제 퇴사까지 이어졌다고 한다. 흔히 '기분 탓이니 잠깐 그러다 말겠지'라고 생각하는 정도를 넘는 것이다. 나의 경험에 비춰 봐도 승진이나 고과 면담 같은 개인별 평가의 시기나, 날씨가 쌀쌀해지는 늦가을에 자주 찾아왔던 것 같다.

일단 슬럼프에 빠지면 대처하기가 힘들다. 일하고자 하는 의욕은 나지 않는데, 주위를 보면 다들 열심히 일을 하고 있다. 동료들과 비교하며 미안한 마음이 들 수밖에 없다. 결국 나로 인해 주변 사람들에게 민폐를 끼치면 안 될 것 같아 억지로 자신을 또 일으켜 세우곤 한다.

子曰(자왈) 德之不修(덕지불수)와 學之不講(학지불강)과 聞義不能徙(문의불능사)하며 不善不能改(불선불능개)는 是吾憂也(시오우야)니라.

공자께서 말씀하셨다. "덕을 닦지 못하는 것과, 학문을 익히지 못하는 것, 의(義)를 듣고도 실행하지 못하는 것, 선하지 못한 것을 고치지 못하는 것이 나의 걱정거리다."

- 《논어》 '술이(述而)편' 3장

공자께서도 자신의 수양에 부족함이 있다고 하시는데, 하물며 평범한 직장인들이 슬럼프 한 번 없이 회사를 다니는 것은 쉽지 않을 것이다.

슬럼프를 극복하는 방법은 사람마다 다르겠지만, 제일 중요한 것은 슬럼프에 빠졌음을 받아들이는 것이다. 병을 고치는 것도 우선 그 병을 인정하고, 의사의 치료법을 따르는 게 중요한 것처럼 말이다. 가벼운 감기에 걸렸다고 스스로 판단하지 말고 더 큰 병이 되기 전에 정확한 진단을 받고 치료하는 것이 옳다.

대부분 운동선수들의 사례처럼, 슬럼프의 원인은 매너리즘에서 오는 경우가 많다. 동일하게 반복되는 일 때문에 변화나 발전이 없다고 생각하기 때문이다. 그러다 보니 자신이 게을러졌다고 질책하고 억지로 일으켜세우려 한다. 하지만 일어서고자 하는 마음이 없는데 일어서는 게 잘 될까?

'피할 수 없다면 즐겨라' 하는 말이 있다. 그렇다고 슬럼프를 계속 즐기라는 말은 아니다. 일어서는 게 힘들다면 앉아서 하는 일을 찾아보는 게 어떨까. 늘 해오던 일이 아닌 색다른 분야의 일을 찾아보거나, 평소 해보고 싶었던 취미활동이나 흥미로운 일들을 해보는 것이다.

내 경우에는 슬럼프로 흔들리던 입사 초반에 수작업으로 힘들게 작성하던 생산현황 리포트를 엑셀 프로그래밍을 통해 자동화하는 재미에 빠졌었다. 또 지루한 보고서 작성에 힘이 들 때면 프로그램 코딩을 하며 오류 없이 실행되는 재미를 찾기도 했다. 최근에는 1인기업으로서 글쓰기에 전념하다 생각이 막힐 때면, 그림 그리기 세미나에 참석을 하거나 도형심리검사에 관심을 갖기도 했다. 머리로 생각하는 것을 글과 그림으로 적절하게 나누어본 것이다.

몸이 너무 무리를 하면 병이 나듯, 일을 너무 열심히 해도 슬럼프가 올 수 있다. 아무 일도 안 하는 사람이라면 슬럼프는 오지 않을 것이다. 다시 말해 슬럼프는 누구에게나 올 수 있다. 그동안 열심히 일한 나에게 삶의 재미를 주어야 한다.

슬럼프에 어떻게 대처하느냐에 따라 계속 더 깊이 빠져들 수도 있고, 극복을 통해 더 큰 성장의 길로 갈 수도 있다. 평소와 달리 주눅 들어 있는 나 자신을 낯설게 보지 말고, 있는 그대로의 모습을 받아들이도록 하자. 언젠가는 스스로 다시 일어설 내가 아닌가. 세상 누구보다 나를 믿어줄 사람은 바로 자기 자신이기 때문이다.



- 슬럼프는 같은 일을 반복할 때, '지겨워서' 생긴다.
- 슬럼프를 무시하고 억지로 계속하면 더 큰 슬럼프가 온다.
- 슬럼프는 의식적으로 새로운 재미를 찾아야 벗어날 수 있다.

방황하는 직장인을 위한 생애설계도

# 현재의 자신을
# 탐색하라

# 하루 기록을 통해
# 자신을 분석하라

나는 5년 전부터 하루도 빠짐없이 일기를 쓰고 있다. 대부분 컴퓨터로 쓰는데, 여행을 가거나 하면 휴대폰을 활용해서라도 꼭 쓴다. 가끔 술이 과했거나 아파서 꼼짝 못 하는 경우가 생기면, 다음 날이라도 어떻게 해서든 밀린 일기를 쓴다. 컴퓨터로 쓰기 이전에는 수첩보다 조금 더 큰 노트에 펜으로 깨알같이 쓰기도 했다.

딱 1년을 쓰고는 컴퓨터로 바꿨다. 비밀보장 때문이었다. 나는 일기를 정말 솔직하게 쓴다. 잠을 잘 때 말도 안 되는 꿈을 꾸는 것처럼, 내가 상상하고 느꼈던 모든 것을 기록한다. 그렇다 보니 아내나 가족에게 보여주기 부끄러운 내용도 많다. 혹시라도 내 일기를 누군가 읽어본다면 후폭풍이 만만치 않을 것이다.

컴퓨터를 사용하지만, 실제로는 에버노트라고 불리는 인터넷 저장공간(클라우드)에 로그인을 하고 쓰기 때문에 다른 사람이 쉽게 접근하지는 못한다. 클라우드의 장점은 컴퓨터, 휴대폰, 태블릿 등 인터넷 연결이 되는 장치라면 어느 것을 이용해서라도 작성과 수정이 가능하다는 것이다. 그래서 여행지에서는 휴대폰으로도 기록을 할 수가 있었다. 펜으로 노트에 쓰는 것은 비밀 장소에 숨겨야 하는 것은 물론, 내가 보고 싶을 때 당장 보기가 힘들었다. 가끔 전혀 예상 밖의 장소에서 과거의 기억을 보고 싶거나, 찾아봐야 할 때도 있다.

초등학교 때는 일기를 쓰기가 정말 싫었다. 그림일기는 기억조차 나지 않고, 5학년 때부터 썼던 게 기억나는데 매일 억지로 쓰느라 힘들었다. 일기 쓰기가 힘들었던 이유는 쓸 '거리'가 없었기 때문이다. 지금 와서 돌아보면, 그때는 어제와 오늘이 크게 다르지 않다고 생각했다. 게다가 4학년 때쯤 방학 숙제로 썼던 일기가 며칠 밀린 게 아버지께 발견되어 다리에 피멍이 들도록 맞았던 기억이 있어 일기는 늘 괴로운 대상이었다. 어찌 보면 남에게 보여주기 위한 일기는 진정한 일기가 아니어서 그랬는지도 모른다.

사춘기와 젊은 시절의 감정을 주체하지 못해 가끔씩 일기를 쓰기는 했지만, 꾸준히 썼던 적은 없었다. 하지만 직장생활을 시작하면서 자기계발에 관심을 갖게 되었고, 비록 한 달을 채 못 넘겼지만 매년 새해 목표 1순위는 일기 쓰기가 되었다.

그러다 40대의 나이를 넘게 되자, 나도 이제는 젊은이가 아닌 중년에 접어들었다는 생각이 들었다. 그리고 하루를 좀 더 의미 있게 보내야겠다는 다짐을 하면서 새롭게 일기 쓰기에 도전했다. 처음 2년간은 반년 정도 쓰다가 그만두었지만 3년째부터는 1년 쓰기에 도달했다. 그렇게 한 번 1년 쓰기에 성공하자, 다음해부터는 일종의 오기 같은 게 생겨서 꾸준하게 쓰는 습관이 자리를 잡았다.

회사를 나온 뒤 가끔 직장인 시절의 일기를 보곤 한다. 내가 쓴 일기임에도 그 시절에는 뭐가 그리 힘든 게 많았는지……. 일기로 남기지 않았더라면 내 회사생활이 어땠는지 궁금하기도 했을 뻔했다. 그만큼 사람이 망각의 동물이라는 것을 절실하게 깨달았다. 밤새도록 술을 마시며 고민을 토로했던 일들이 지금은 전혀 기억이 나지 않으니 말이다.

신기한 점은 무슨 일을 했었다는 것은 알겠는데, 그 당시에 어떤 마음으로 일을 했다는 게 잘 기억이 나지 않는다는 것이다. 그 당시의 감정을 일깨워줄 유일한 기록이 일기뿐이니, 조선왕조실록 못지않게 나의 인생에서는 소중한 기록이 아닐 수 없다.

나 자신을 탐색하는 방법에는 여러 가지가 있다. 성격유형을 살펴볼 수도 있고, 이력서를 써보거나 강점 찾기 프로그램을 활용할 수도 있다. 그것 못지않게 나를 돌아보는 좋은 방법은 일기 쓰기다.

일기를 쓰다 보면 두 가지 장점이 생기는데, 그중 하나는 지난 하루를 돌이켜보면서 나 자신을 객관적으로 살펴보는 것이고, 또 하나는 글쓰기 실력이 늘어난다는 것이다. 더 자세히 설명하면, 오늘 있었던 사건에 대해 당시의 상황과 감정을 다시 한 번 살펴볼 기회를 갖게 된다. 어떤 감정이건 간에 그 순간에는 자신의 주관적인 느낌일 수밖에 없다. 하지만 시간이 흐르고 하루가 마무리되는 시점에서는 제삼자의 입장에서 흥분을 가라앉히고 비교적 사실(Fact)에 가까운 시각으로 돌아볼 수 있게 된다.

이렇게 쌓인 기록은 나중에 중요한 기록 자산으로 남아, 한 해가 저물거나 시작되는 시점에 지난 1년간을 돌아볼 수 있는 중요한 기록이 된다.

비록 사실을 기록했다고는 하지만 일기에는 솔직한 감정을 쓰게 마련이다. 기뻤던 일이나 슬펐던 일, 또는 화났던 일 등을 쓰게 되는데, 누구에게도 하지 못했던 얘기를 쓰면서 감정의 스트레스를 해소할 수도 있다. 가슴에 담아두었던 감정일지라도 글로 표출하게 되면, 마음속 응어리로 남는 부분이 사라지거나 줄어들 수도 있다. 이를테면 가슴이 후련해지는 듯한 느낌인데, 일기장이 마치 나의 얘기를 잘 들어주는 친구 같은 역할을 해주는 셈이다.

가끔 오래전 일기를 볼 때면 '내가 이런 일들로 속상해했던 적이 있구나'라는 생각이 들면서, 당시에는 왜 이 정도의 일로 속상해했을까 되돌아보기도 한다. 그런 때면 시간이 흐르면서 내 마음도 한 뼘은 자란 듯한 생각이 든다. 그리고 지금 힘든 일도 언젠가는 추억으로 기억될 수 있으리라는 희망을 갖게도 한다.

조선시대 정조는 왕세손 시절부터 일기를 써온 것으로 유명하다. 그렇게 직접 '일성록(日省錄)'이라는 일기를 씀으로써 이후 마지막 순종까지 일기가 계속 이어지게 되었다. 일성록이라는 명칭은 정조가 《논어》의 '오일삼성(吾日三省: 나는 매일 세 번 반성한다)'이라는 구절에 감명을 받아 지은 것이라고 한다. 물론 정조 이전에도 조선왕조실록과 승정원일기를 통해 왕의 공과 사를 기록하게 했지만, 일성록을 통해 후대 왕들에게도 가르침을 전할 수 있게 되었다. 실록은 왕이라 하더라도 열람을 금지했기 때문이다.

실록과 승정원일기가 시간 순으로 쓰인 반면, 일성록은 주제 순으로 씌어졌다고 하는데, 단순한 일상의 나열보다는 특정 사건과 관련한 조언과 가르침을 전하기 위해 썼기 때문이다.

우리에게 감동을 준 또 한 편의 일기로 《난중일기》를 꼽을 수 있다. 초등학생부터 어른에 이르기까지 전 국민이 다 알고 있는 일기지만, 실제로 그 내용을 정독한 사람은 많지 않을 것이다. 왜냐하면 대부분 초등학생 시절에 딱 그 눈높이에 따라 재구성된 부분을 읽고 《난중일기》 전체를 다 읽었다고 생각하기 때문이다.

성인을 위한 《난중일기》를 제대로 읽어보면 리더로서의 고민과 가족에 대한 연민, 부하와 백성에 대한 배려 등 인간적인 면의 이순신을 볼 수 있다. 일기는 '오늘은 ~을 했다'로 짤막하게 끝나는 날도 많은데, 성실하게 묵묵히 일상을 기록한 장군의 의지가 엿보인다.

미국에서 가장 위대한 인물로 추앙받는 벤저민 프랭클린도 13가지 덕목을 적은 수첩에 매일 실천 여부를 기록했다고 한다. 여기에서 아이디어를 얻어 리더십 전문가 스티븐 코비와 하이럼 스미스는 프랭클린 플래너라는 일정 관리 다이어리를 만들기도 했다. 이렇듯 훌륭한 일기를 접하게 되면, 나는 과연 일기를 어떻게 써야 하나 고민이 될 수도 있다. 비록 지금은 스마트폰이 보급되어 예전보다 더 쉽게 디지털로 기록을 남길 수 있게 되었지만, 일기가 일지(일정)와 다른 점은 사실 외에 나의 생각이나 느낌이 더 추가된다는 점이다. 바로 이 생각이나 느낌이 나를 성장하게 만드는 요인이지만, 글로 적는 것 그 자체를 적지 않은 부담으로 여기는 사람들도 많다.

여기에 조금의 도움을 받고자 한다면, 일본의 신경과 의사 고바야시 히로유키가 펴낸 《하루 세 줄, 마음 정리법》에 나오는 일기 작성법을 들 수 있다.

작성법은 아주 간단하다. 첫 줄은 안 좋았거나 아쉬운 기억, 다음 줄은 가장 좋았던 기억, 마지막 줄은 내일의 짧은 각오를 쓰는 게 전부다. 좋은 감정과 좋지 않은 감정을 쓰는 순서가 기본적으로 정해져 있으므로 나중에 일목요연하게 하루를 정리해볼 수 있다는 장점이 있다.

나도 한때는 기존의 일기와 병행해서 세 줄 일기를 몇 달간 작성해본 적이 있다. 한눈에 며칠간의 내 감정 변화를 탐색해볼 수 있어 큰 도움이 되었다. 물론, 몇 달 후에는 일기 내용에 감정 부분을 더 보강해 넣는 방식으로 세 줄 일기 쓰기를 따로 할 필요가 없을 정도가 되었다.

이렇게 세 줄 정리가 익숙해지면 여러 줄의 내용으로 확장을 해본다. 그렇게 확장을 하다 보면 자신도 모르게 일기의 내용이 짜임새를 갖추게 된다.

일기란 자기 자신과 얘기를 나누는 것이고, 사람들과 얘기를 나눌 때 횡설수설하는 사람은 드물기 때문이다. 비록 자신에게 하는 얘기일지라도 형식면에서는 타인과 나누는 얘기와 다를 바 없다.

이렇듯 오랫동안 꾸준하게 일기를 쓰다 보면 상황을 객관적으로 보는 능력이나 조리 있게 설명하는 능력도 함께 키울 수 있다. 하지만 무엇보다도 자기 자신에 대해 관찰할 수 있는 시각이 자란다. 즉, 내가 이런 면을 지니고 있었구나, 다음에는 어떻게 생각하고 행동해야 할까 스스로에게 피드백을 줄 수 있는 능력이 생긴다.

이력서가 공적(公的)으로 작성하는 나의 역사라면, 일기는 사적(私的)으로 작성하는 역사다. 자기탐색을 위한 방법으로 자신에 대한 기록을 남겨보는 것만큼 좋은 것은 없다. 자기탐색은 다른 사람에게 내가 이런 사람이라고 보여주려는 목적보다는, 내가 스스로 나 자신을 깨달아 조금이라도 성장을 하기 위한 목적이 더 크다. 누구를 위해서라기보다, 바로 나 자신을 위해 기록을 남기고 탐색을 하는 셈이다.

그 누구도 깨닫지 못한 나의 비밀을 풀기 위한 시도를 시작해보자. 초등학교 시절 누군가에게 보여주기 위해 적었던 일기는 잊어버리고, 오늘부터 단 몇 줄이라도 나를 살펴보는 기록을 남겨보는 게 어떨까. 나의 책 쓰기 작업도 이때부터 시작되었다.

## ⬇ 세 줄 요약

● 일기는 자신의 지난 감정을 돌아보며 정화하는 도구다.

● 일기는 정해진 공식이 없다. 세 줄만 써도 좋다.

● 하루의 기록이 쌓여서 나를 탐색하는 귀중한 데이터가 된다.

# 강점은 이미
# 내 삶에 있었다

나는 이제 1인기업가의 길을 걷고 있지만, 이전 직장에서는 오랫동안 임직원 교육(HRD)과 관련된 일을 해왔다. 교육 과정을 기획하는 업무가 대부분이었지만, 필요에 따라서는 내가 직접 강의를 하기도 했다.

교육이 끝나면 나를 포함한 강사들은 모두 참석자들의 강사 평가나 후기를 받았다. 내 경우에는 자신감 있고 열정 넘치는 모습이 좋았다는 평가가 많았다. 하지만 그런 평가와 달리 나는 매우 내성적인 사람이다. 성격유형 검사를 해봐도 내향적이면서 긴장된 상황을 피하려는 성향이 강하다.

나도 처음에는 강의가 너무 두렵고 하기 싫었다. 강의 초반에는 얼마나 '버벅'거리고 당황했던지, 10분 넘게 프레젠테이션 조작을 못하고 쩔쩔맸던 적도 있었다. 그러나 강의가 업무 중 하나가 되면서, 싫어도 계속해야 했다. 그러다 보니 나도 모르게 반복되는 강의를 통해 실전에서 연습을 쌓는 시간이 늘었다. 몇 달이 지나자 강의 내용을 완전하게 외워서 화면을 보지 않고도 강의하는 수준이 되었다. 그때부터는 강의에 자신감이 생기기 시작했고, 청중과 눈을 마주치는 여유도 생겼다. 이후로 어떤 강의를 하더라도 자신감을 갖고 임하게 되었다.

강의는 사람들 앞에 나서야 하는 일이고, 상황에 따라서 다양한 임기응변이 필요했다. 갑자기 프레젠테이션 화면이 먹통이 되기도 하고, 나의 농담에 아무도 웃지 않는 썰렁한 분위기를 맞기도 한다. 심지어 원래 예정되었던 강사에게 급한 일이 생겨서 내가 강의에 나서야 할 때도 있었다. 그럴 때 비장의 무기가 되어줄 재미있는 얘기나 청중들과 함께할 수 있는 간단한 프로그램을 준비해두기 시작했다. 그러다 보니 팀의 월례회나 각종 행사에서 사회를 보는 경우도 늘었다. 강의에서 사회까지 내가 할 수 있는 역할이 늘어난 셈이었다.

대부분 초등학교에서부터 중고등학교, 대학교에 이르기까지 가장 중요한 목표는 '성적'이었을 것이다. 더 좋은 학교에 진학하기 위해 열심히 공부했다. 심지어 대학과 대학원조차 좋은 회사에 취직하기 위한 중간 과정이었다. 실제로 성적과 학력에 따라 직업이 결정되는 경우도 많았다. 회사에 들어가서는 고과와 승진을 목표로 잡았다.

소수의 사람만이 자신의 꿈을 좇아 남들과 다른 길을 선택했고, 지금도 그들만의 길을 가기 위해 꾸준히 노력하고 있다. 반면, 타인의 기대를 좇은 사람들은 어떤 노력을 하고 있을까? 여전히 주변의 시선과 눈치를 보면서 돈과 명예를 좇고 있을 가능성이 높다.

지금까지 누가 시키거나 주어진 일들만 해온 사람들은 자신이 하고 싶은 일을 바로 찾기가 어렵다. 이럴 때 자신의 성격유형을 알고 있다면 그와 관계된 일들을 우선 찾아볼 수 있다. 예를 들면, 외향적인 성격은 사람들과의 관계 속에서 이루어지는 영업이나 서비스 관련 분야의 일을 생각해볼 수 있다. 반면, 내향적인 성격은 혼자서 할 수 있는 작가, 디자이너, 공방 등의 일이 적성에 맞을 것이다.

성격유형의 또 다른 측면으로 리더십이 강한 사람, 봉사정신이 남다른 사람, 성취목표가 분명한 사람, 예술적인 시각을 가진 사람들도 자신에게 맞는 일을 맞춰볼 수 있다. 그렇게 나와 관계된 일을 찾아내면 그것이 바로 나의 강점이라 할 수 있다.

강점을 찾는 또 다른 방법으로는 자신의 경험을 떠올려보는 것이다. 현재 나와 있는 강점 찾기 책들은 주로 사람들의 '잘해낸 경험'을 활용한다. 마커스 버킹엄이 지은 《위대한 나의 발견 강점 혁명》을 보면 스트렝스 파인더(Strength Finder)라는 검사를 통해 34가지의 강점 리스트 중 자신의 주요 강점을 선택할 수 있다.

검사 문항은 일상에서의 경험 중에서 자신에게 어떤 것이 더 적합한 것인지를 묻는 것이다. 구본형 변화경영연구소에서 펴낸 《나는 무엇을 잘할 수 있는가》에도 6명의 연구원이 각자 자신의 강점 찾기 방법을 소개하고 있다. 생애를 분석하거나 가족의 경험담, 몰입과 탁월한 성과의 경험, 내면과 욕망을 들여다보는 방법 등이다.

표현이 약간 다르긴 하지만, 모두 내가 겪은 삶의 경험을 바탕으로 강점을 찾는다.

그렇다면 어렸을 때부터 지금까지의 삶을 한번 떠올려 보자. 칭찬을 받았던 일, 뿌듯했던 일, 많은 사람들에게 도움을 주었던 일, 큰 성과를 거두었던 일 들을 찾을 수 있을 것이다. 그중 가장 기억에 남는 세 가지 정도를 골라 그 경험에 적절한 이름을 붙여보자. 이를테면, 생각지도 못한 아이디어를 냈다면 '창의성', 뛰어난 의사결정으로 조직에 도움이 되었다면 '리더십', 꾸준히 무언가를 오랫동안 해왔다면 '성실성'이라고 이름을 짓는 것이다.

이 세 가지 경험을 가족이나 동료, 주변 지인들과 얘기해보자. 아마도 당신의 행동에서 그들이 보았던 비슷한 사례를 들려줄 것이다. 그러면 그 경험은 나만의 생각이 아니라 모두가 인정해주는 '강점'이 된다.

하지만 강점은 꼭 타고나는 것만은 아니다. 노력에 의해서도 강점을 가질 수 있다. 내 경험으로는 강의 능력이 그러한 노력의 결과였다. 처음에는 그토록 두렵고 하기 싫었던 '강의'가 나의 강점이 된 것은 바로 '반복' 덕분이었다. 어쩌면 강의를 맡기 시작한 초반에 이를 악물고 수십 번 연습을 했더라면 훨씬 더 일찍 강점으로 발견했을지도 모른다.

우리는 대부분 일터에서 매일 비슷한 종류의 일을 반복한다. 재미있는 일도 있지만 하기 싫은 일도 있다. 하지만 어떤 일이건 반복해서 연습을 하면 전문가의 능력을 갖출 수 있다. 중요한 점은 일을 바라보는 시각이다. 피할 수 없는 일이라면, 강점이 되도록 노력해보는 것이다.

타고난 강점을 활용해 일을 잘하는 게 아니라, 반복 연습을 통해 일을 잘하면 그것 또한 강점이 된다. 그렇게 확인한 강점은 자신감을 심어주고 향후에 또 다른 도전을 할 수 있도록 만든다. 오히려, 타고난 강점보다 더욱 강한 강점이 된다.

무엇인가 하고자 하는 내 꿈은 어느 날 갑자기 생겨나는 것이 아니다. 그 꿈이 무엇인지 끊임없이 찾고자 하는 노력에서 실마리를 찾을 수 있다. 또한 아무런 근거 없이 낙관적인 생각만으로 꿈이 실현되는 것도 아니다. 강점 찾기 등을 통해 나의 능력을 확인해봄으로써 실제 그 꿈이 구현 가능한지 예측해봐야 한다. 꿈에 대한 가능성이 부족하다면, 지금이라도 실현을 위한 노력과 준비를 시작해야 한다. 타고난 강점을 모아두고, 부족한 강점은 계속 보완

해나가야 한다. 그렇게 끊임없이 강점 찾기 노력을 하다 보면, 생각보다 많은 강점이 자신에게 있음을 발견하게 될 것이다.

# 보고를 통해
# 기획력을 단련하라

　　직장인들의 가장 큰 스트레스 중 하나가 바로 보고서 작성이 아닐까 싶다. 나도 회사를 20년간 다녔지만 보고서는 늘 가슴을 짓누르는 고민거리 중의 하나였다.

　　내게 있어 가장 인상 깊었던 보고서는 신입사원 시절 모든 선배와 상사 앞에서 했던 세미나 발표였다. 당시에는 OHP(Over-Head Projector)라는 조명장치 위에 투명 필름 용지에 인쇄한 자료를 올려놓고 발표를 했다. 여러 명이 발표를 해야 했기 때문에, 내게 주어진 시간은 10분이었다. 또한 당시 OHP 필름 가격이 만만치 않았기에 발표자료는 단 한 장이었다. 지금처럼 파워포인트 여러 장을 넘기는 게 아니기 때문에 단 한 장에 모든 발표 내용을 이해하기 쉽고도 알찬 내용으로 요약해야 했다.

지금 와서 생각해보면 창의를 넘어 예술에 가까운 문구와 그림을 고민해야 했다. 게다가 PC를 여러 명이 함께 사용했고, 낮에는 일을 해야 했기에 밤을 꼴딱 새우면서 겨우 발표 자료를 만들었다. 정말 별것 아닌 내용이었지만, 그때는 나의 온 열정을 쏟아 부었다.

그렇게 열심히 준비를 했음에도, 막상 발표한 내용은 내가 잘못 이해했던 부분이 있어서 당시 좌장을 맡았던 분이 오류를 잡아주었다. 얼굴은 화끈 달아올랐고, 쥐구멍이라도 들어가고 싶은 심정이었다. 이후 신입사원들이 발표를 하다 실수를 하는 것을 볼 때면 당시의 기억이 나곤 하면서 당시 선배들이 큰 아량으로 내 발표를 들어주었겠구나 하는 생각이 든다.

하여튼 내가 다녔던 회사는 보고서 작성에 대해 혹독하게 훈련을 시켰다. 실수에 대한 아량은 아무것도 알지 못하는 신입사원에게만 가능한 것이었다. '모르는 것을 알 권리'는 신입사원의 특권이었던 셈이다.

일단 가르침을 받은 이후에는 오탈자와 맞춤법은 기본이었고, 파워포인트가 보편화되면서 보고서 장표 매수 제한도 엄격했다. 보고 대상은 대부분 임원 이상이었는데, 표지를 포함해 5매가 기본이었고, 그 이상이 되면 아예 보고 기회를 주지 않는 분도 많았다. 화려한 색깔을 좋아하지 않는 분, 애니메이션 특수효과를 싫어하는 분, 글자 위주로 작성한 것을 좋아하는 분, 데이터와 그래프를 좋아하는 분 등 피보고자의 취향을 파악하는 게 보고의 기본이었다.

보고 횟수도 만만치 않았다. 거의 매일 보고가 있거나 보고를 위한 사전 준비 회의가 열렸다. 회의를 위한 회의도 많았고, 하루 업무의 대부분을 회의로만 보낸 적도 있었다. 한 번의 보고를 위해 발표자료를 수십 번 수정하는 경우도 있었다.

덕분에 보고서 작성 기술은 조금 향상되었지만, 실제 액션을 취해야 할 업무시간이 부족한 게 문제였다. 언론에서까지 이러한 폐해가 거론되자, 회사에서도 비효율적인 회의문화의 심각성을 깨닫고 최근 몇 년간 임원들의 회의 횟수를 모니터링하기 시작했다. 회의 시간도 한 시간 이내로 줄이고, 단순히 자리만 지키는 참석자를 없애는 등 회의문화 개선에 많은 노력을 기울였다.

회의 횟수가 줄어들자 여러 가지 효과가 나타나기 시작했다. 우선 전반적으로 업무 스피드가 빨라졌다. 여러 번의 회의가 한 번으로 축소되니 그만큼 의사결정이 빨라졌다. 또한 물리적으로 한 시간 회의에 완전한 검토가 어려우므로 사전에 이메일이나 구두보고를 통해 진척현황과 자료 등을 공유하는 풍토가 생겨났다. 회의에서 발표하는 자료 역시 빠른 시간 내에 검토가 가능하도록 핵심 내용만 요약하게 되어서 불필요하고 화려한 치장에 해당하는 내용은 자연스레 사라졌다. 또한 그 자리에서 결론을 내야 하므로, 발표는 해당 부서장이 아니라 그 업무를 제일 잘 알고 있는 실무자가 직접 하도록 했다. 덕분에 '작성하는 사람 따로, 보고하는 사람 따로'도 사라졌다.

보고서의 형태를 조금 더 살펴보면, 간단하게 이메일로 보고하는 경우도 있고 워드나 파워포인트 같은 오피스용 프로그램을 사용해서 좀 더 자세한 내용을 작성하는 경우도 있다. 여기서 가장 중요한 점은 보고의 형태가 어떤 것이든, 일단 쉬워야 한다는 것이다. 흔히 전문적인 용어와 방대한 데이터가 있으면 보고서의 질이 높아지는 것으로 오해하는 경우가 많은데, 대부분의 직장에서는 논문 수준의 보고서를 요구하는 게 아니다. 게다가 보고받는 직급이 높으면 높을수록 더 쉬운 용어를 써야 한다.

우리나라의 신문이 중학생 수준의 교육을 받은 사람의 눈높이를 따르는 것처럼, 보고서도 제일 막내 사원이 이해할 수 있는 수준으로 작성해야 한다. 의사결정에 필요한 보고는 맥락이나 흐름이 중요한 것이지 지식의 습득이나 교육이 목적이 아니기 때문이다. 다시 말해 보고서를 보는 누구라도 이해할 수 있어야 한다.

각 보고서를 좀 더 자세히 보자면, 이메일 보고는 보고서 중에서도 상대적으로 간략하게 작성하지만, 내용의 빠른 이해를 위해 상대방이 스크롤을 최대한 적게 하도록 핵심을 표현하는 게 중요하다. 보고서의 내용이 메일의 제목에 나타나야 하며, 본문의 첫 세 줄 정도에 전체 내용을 요약하고, 본문에도 가능한 한 도표와 그림을 활용하되 1~2개 핵심 내용만 표현해야 한다. 많은 사람들이 짧은 글이 쉬운 줄 알고 있지만 진정한 고수일수록 요약을 어떻게 잘하느냐로 승부를 낸다.

워드나 파워포인트의 경우에는 내용을 장황하게 늘어놓기가 쉬운데, 이메일과 마찬가지로 요약과 전달이 핵심이다. 주제별로 발표 항목은 세 개 이내여야 하고, 색상도 세 가지 이상 쓰지 않는 게 좋다. 화려한 무지개 색을 다 쓰는 게 오히려 주제를 흐리게 하고, 이해를 어렵게 한다.

보고서 작성에 있어 가장 강조하고 싶은 말은 '완벽한 보고서는 없다'라는 것이다. 사람마다 보는 관점이 다르기 때문이다. 과장을 통과한 보고서가 부장 마음에 전혀 안 들 수도 있다. 텍스트 위주의 간략한 보고를 좋아하는 분이 있는가 하면, 그림과 도표 위주의 설명을 좋아하는 분도 있다. 결국 보고받는 분의 성향에 따라 계속 시도해보는 수밖에 없다. 당연한 얘기라는 생각이 들겠지만, 보고서의 형식보다는 타이밍이 더 중요한 셈이다.

완벽한 보고서를 만들려 하지 말고, 내용 골격을 대강 잡았다면 바로 중간보고를 드리는 게 제일 좋다. 잔손이 많이 가는 도형 서식이나 글자 모양은 중간보고를 통과한 이후 손을 봐야 쓸데없는 노력을 줄일 수 있다.

보고서 작성을 좋아하는 직장인은 거의 없다. 비록 상사에게 인정을 받을 수 있는 좋은 기회가 될 수 있다 하더라도, 그다지 즐거운 작업은 아니다.

하지만 꼭 해야 하는 일이라면 마음가짐을 달리해보는 것은 어떨까. 내 경험을 돌아보자면 직장에서 힘들었던 일들이 결국 나를 위한 밑살기가 되었다. 이메일의 한 구절을 쥐어짜던 노력 덕분에 글쓰기 힘을 키웠고, 지금도 이 글을 쓰고 있다. 어떻게 하면 설명을 쉽게 할 수 있을까 고민했던 시간만큼 내 발표능력도 늘었다.

보고하는 내용만 다를 뿐 나는 여전히 이 세상을 대상으로 보고를 하고 있다. 지금 당신이 쓰고 있는 보고서는 언젠가 당신의 꿈을 이뤄줄 소중한 경험이 될 것이다.

---

### ⬇ 세줄요약

- 보고서는 될수록 쉽게, 간단하게 쓰자.
- 완벽한 보고서는 없다. 빠른 타이밍이 더 중요하다.
- 시각을 바꿔보면, 보고서는 내 밑살기를 키우는 힘이 된다.

# 내가 쓰는 가면도
# 나의 일부분이다

　상담심리학을 공부하면서, 나는 내 본성과 직장에서의 삶이 정반대라는 것을 깨달았다. MBTI 성격유형 검사를 통해 살펴보면, 본성은 내향적이고 직관적이며 감성 위주의 유연한 성향인데, 직장에서 요구하는 특성은 외향적이고 감각적이며 사고 위주의 합리적 성향이다.

　사람들 앞에 나서기 부끄러워하는 내향적인 내가 많은 사람들 앞에서 발표를 하고 강의를 하기 위해서는 많은 용기가 필요했다. 또 그때그때 느낌에 따라 결정을 내리는 내 성격에 반해, 회사에서는 정해진 프로세스에 따라 합리적인 판단을 요구했다. 그렇다 보니 무슨 일을 할 때면 마음속으로 계속 갈등을 하면서 주어진 상황을 해결해야 하는 일이 다반사였다.

　20년간 회사를 다니면서 그렇게 본성과 반대되는 일을 계속하다 보니, 어느덧 반대 성향조차 습관이 되었다. 이제는 처음 만나는 사람은 나를 외향적이면서도 디테일하고 꼼꼼하게 절차대로 처리하는 사람으로 본다. 그러다 나중에 조금 더 친해져서 내가 본래 내향적인 성격이라고 말해주면 깜짝 놀란다. 전혀 그렇게 보지 않았다는 것이다.

때로는 완전히 반대되는 두 가지 성격이 내 안에 존재하고 있어서 어느 것이 딱 나라고 꼬집어 말하기 어려운 경우도 있다. 한편으로는 모든 유형이 내 안에 통합되어 있어, 상황에 따라 적절한 행동을 골라 표현할 수 있는 게 장점으로 여겨지기도 한다.

회사는 주어진 일을 하는 곳이지만, 한편으로는 여러 사람이 어울려 지내는 공간이기도 하다. 업무적으로 냉철한 판단이 필요할 때도 있지만, 리더로서 공감과 관심을 가져야 할 때도 있다. 경우에 따라서는 선의의 거짓말이나 격의 없는 칭찬이 큰 도움이 되기도 한다. 속으로는 내 의견이 받아들여지지 않아 감정이 상했지만, 합리적인 결정으로 인정하고 일을 추진해야 했다. 개인적으로 아끼는 친한 후배라도 일에 있어서는 사적인 감정을 배제하고, 조목조목 잘된 점과 잘못된 점을 따져보기도 했다. 특히 에니어그램 유형으로 보면 나는 갈등을 견디기 힘들어하는 성향이다. 그래서 상사와의 논쟁이나 후배에 대한 지적은 몇 배의 노력을 들여야 하는 어려운 일이었다.

그렇게 두 가지 성향을 가진 내 모습은 집으로 돌아오면 무장해제가 된다. 지금도 아내에게 미안하고 늘 고치려고 노력하는 부분이기도 하다. 밖에서는 친절하고 어울려 놀기 좋아하는 남편이 집에만 오면 아무 말도 하지 않고 혼자 책을 보거나 컴퓨터하고만 지내니, 얼마나 답답했을까.

TV에서 가끔 개그맨이나 연예인들의 개인 일상을 보여주곤 하는데, 그들 역시 밖에서는 사람들에게 웃음을 주지만 집에서는 정색을 하면서 엄하기까지 한 모습을 보일 때가 있다.

주변의 지인들은 어떨까 궁금해서 에니어그램 검사를 기회가 되는 대로 해봤다. 대부분은 검사 결과의 성향과 평소의 행동방식이 큰 차이가 나지 않았지만, 몇 사람은 내가 예상했던 결과와 달라서 당황하기도 했다. 예를 들어, 혼자 꼼꼼하게 일처리를 잘하던 사람이 실제로는 여러 사람과 함께 일하기를 좋아하는 유형으로 나온다던가, 논리적으로 대화를 주고받던 사람이 의외로 직관적인 느낌에 따라 결정하기 좋아하는 유형으로 나오는 것이다.

심리학에서는 이렇듯 본인의 원래 성격과 달리 외적으로 보이는 모습을 페르소나라고 부른다.

> 페르소나(persona)는 심리학에서 타인에게 비치는 외적 성격을 나타내는 용어이다. 원래 페르소나는 그리스의 고대극에서 배우들이 쓰던 가면을 일컫는 말이었다. 심리학 용어로 칼 구스타프 융(Carl Gustav Jung)의 이론에 등장하는데, 그에 따르면 인간은 천 개의 페르소나(가면)를 지니고 있어서 상황에 따라 적절한 페르소나를 쓰고 관계를 이루어간다고 한다. 페르소나를 통해 개인은 생활 속에서 자신의 역할을 반영할 수 있고 자기 주변 세계와 상호관계를 성립할 수 있게 된다.
>
> - 위키백과

물론 자신의 성격과 회사에서 요구하는 모습이 비슷한 경우도 있다. 그런 경우는 아마도 거의 천직에 가까운 행복한 직업이 될 것이다.

그렇다 하더라도 직장은 여러 사람들이 모여 생활하는 곳이다. 무조건 나의 생각만을 주장할 수 없고, 경우에 따라서는 양보를 해야 하는 상황도 있다. 그럴 때마다 순간적으로 상황에 적절한 페르소나를 써야 한다. 마음에 들지 않는다고 생떼를 쓰거나 화를 낼 수는 없지 않은가. 그러다 보니 직장인들이 제일 많이 쓰는 가면은 아무런 표정 없는 가면일 것이다. 이를테면, 친구들과 카드게임을 할 때 결코 내 마음을 들키지 않으려고 표정관리를 하는 것처럼 말이다. 실제 아래와 같이 통계조사 결과도 그렇게 나온다.

취업포털 사람인은 직장인 1,008명을 대상으로 '직장생활 중 억울하거나 답답한, 화나는 순간'에 대해 설문한 결과 '별것 아닌데 트집이 잡힐 때'(47.8%·복수응답)란 답이 가장 많았다고 19일 밝혔다. 이어 '불합리한 일을 당하고도 바꿀 수 없을 때'(41.6%), '억울하게 혼날 때'(39.5%), '인격모독 발언을 들을 때'(38.6%), '부당한 업무지시를 받을 때'(37.4%), '야근, 주말근무 등 초과 업무를 해야 할 때'(36.5%), '독단적인 결정에 따라야 할 때'(33.5%), '성과나 능력을 과소평가받을 때'(31.3%), '휴일에 회사 행사 등에 동원될 때'(28.3%), '원치 않는 회식에 강제로 참여해야 할 때'(23.6%), '업무 외 개인적인 부탁을 들어줘야 할 때'(20.6%) 등의 순이었다.
화가 날 때는 어떤 식으로 표현할까? 가장 많은 46.3%(복수응답)가 '참고 표현하지 않는다'라고 답했다. 이외에도 '정색하며 표정을 굳힌다'(37%), '질문에 대답하지 않는 등 말을 안 한다'(18.8%), '욕을 한다'(6.4%), '운다'(3.5%), '소리를 지른다'(3.1%) 등의 응답이 있었다.

- 연합뉴스 2016. 10. 19.

페르소나를 쓰고 살다 보면, 가끔씩 나의 진짜 모습이 무엇일까 고민에 빠질 수도 있다. 내 본래 모습을 알려주는 성격유형 검사가 이럴 때 큰 도움이 된다. 내가 성격유형 파악의 중요성을 계속 강조하는 이유이기도 하다. 즉, 내가 지금 진짜 자신의 얼굴이 아닌, 가면을 쓰고 있다는 사실을 깨닫는 것이다.

가면은 상황에 따라 필요한 것일 뿐 내 본래의 모습은 아니다. 직장생활을 하다 보면 무표정한 가면 이외에도 많은 가면이 필요할 수 있다. 싹싹한 후배의 가면도 있고, 인자하거나 단호한 상사, 자신감 넘치는 발표자의 가면 등 수시로 바꿔야 한다. 발표를 앞두고 가슴이 쿵쾅거린다면, 조금은 뻔뻔하고 자신감 넘치는 가면을 쓰면 된다. 서비스나 영업을 담당하는 일을 하고 있다면, 고객 앞에서는 미소를 띤 가면을 써야 할 것이다. 모두 일을 하기 위해 필요한 페르소나들이다.

겉과 속이 다르다고 너무 자책할 필요는 없다. 모든 사람이 페르소나를 쓰면서 살아간다. 가면을 벗는 유일한 시간은 잠자리에 들 때뿐이다. 어떤 사람이 마음에 안 들 때 '그런 행동은 그의 본래 모습이 아니다. 그도 가면을 쓰고 있다'라고 생각하면 나에게도 포용할 수 있는 힘이 생긴다. 결국 중요한 것은 가면을 쓰고 살아가는 나 자신을 이해하고 받아들이는 것이다. 그래야 나도 적절한 때에 가면을 골라 쓸 수가 있다.

한편으로는 주변 사람들에게서 긍정적으로 보이는 가면을 가져올 수도 있다. 내 안의 진실한 모습과 바깥의 페르소나가 조화를 이룰 때에 삶은 더욱 풍요로워지고 여유가 생긴다.

## ⬇ 세줄요약

- 사람은 상황에 따라 페르소나(가면)를 쓰며 살아간다.
- 진짜 내 성향과 상황에 따라 주어진 페르소나 성향을 구분해야 한다.
- 페르소나를 자신의 일부로 받아들이면 삶의 여유가 생긴다.

# 커뮤니케이션은 솔직함이 기본이다

오랜 기간 직장을 다니면서 많은 사람과 관계를 맺었다. 만일 영업 쪽 일을 했다면 회사 바깥에서도 많은 사람을 만났겠지만, 개발이나 교육과 관련된 일을 주로 했기 때문에 거의 회사 내부 사람들이었다. 하지만 한 번 만나고 끝이 아니라, 계속 관계를 이어나가는 경우가 대부분이었다. 처음에는 한 번 만나고 다시 볼 줄 몰랐는데, 계속 인연을 이어가는 사람도 많았다.

어느 인연이나 마찬가지겠지만 모든 관계는 언젠가 다시 볼 사람이라 생각하고 관리해야 한다. 실제로 회사에서 받았던 많은 도움이 "처음 보는데도 잘해주서서 기억에 남았습니다"와 같은 답변과 함께였다.

회사를 나오기 며칠 전 출사표와 같은 인사 메일을 보냈다. 수신처를 정리해보니 대략 1,000여 명 정도였다. 수시로 만나고 업무를 함께한 팀원을 제외하면, 타 부서 인원이 300여 명이었다. 막연하게 그보다는 더 많을 줄 알았는데, 막상 정리해보니 20년 회사생활치고는 그리 많지는 않구나라는 생각이 들었다. 인상 깊었던 것은 300명의 명단을 정리하면서 그 사람과 함께했던 업무나 에피소드가 모두 기억났다는 것이었다. '주마등처럼 지나간다'라는 표현이 딱 맞았다. 물론 입사 초기의 인연이었던 분들은 이미 나의 기억과 함께 회사를 떠난 뒤라 기억과 함께 남은 분들만 계신 셈이었다.

부서를 몇 군데 옮긴 덕에 상사도 여러분을 모셨다. 나와 잘 맞는 분도 있었고, 껄끄럽게 지낸 분도 있었다. 잘 맞는 분과도 가끔은 언쟁이 있었고, 껄끄럽게 지낸 분과 의기투합을 하는 경우도 있었다. 즉, 상사와의 관계가 늘 좋기만 하거나 나쁘기만 한 것은 아니었다. 나의 미래를 생각해서 다른 부서로 추천해주신 분도 있었고, 부서의 이익을 위해 희생을 요구한 분도 있었다.

일하는 방식도 다양했다. 화끈한 성격의 상사는 함께 일하기는 힘들었지만 개인적으로 많은 것을 배울 수 있었다. 반면 친철한 상사는 인간관계는 좋았으나 업무가 진척이 안 되어 내 업무조차 곤란한 경우도 있었다. 재미있는 것은 함께 일을 할 때 껄끄러웠던 상사라 하더라도 부서가 바뀌면 언제 그랬냐는 듯 도움을 주고받는 친한 사이가 된다는 것이었다.

나는 상사들의 모습을 거울로 삼아 나 자신을 늘 돌아보려 애썼다. 좋은 점은 배우려 노력하고 나쁜 점은 반성했다. 후배들에게는 좋은 상사가 되었다고 생각했지만 그들이 나를 어떻게 봐줬는지는 잘 모르겠다.

내가 다닌 회사에는 신입사원이 들어오면 1:1로 지도선배를 선정하여 1년간 회사의 업무 적응을 도와주는 제도가 있었다. 나는 입사 6년차였던 대리 초기에 신입사원을 배정받았는데, 어떻게 지도해야 할지 몰라서 정말 애를 먹었다. 나의 경우, 신입사원 때 신규 라인 구축 프로젝트 부서에 배정을 받아서, 선배의 지도라 할 것도 없이 그냥 현장에서 부딪히며 업무를 배웠기 때문이었다. 게다가 상대가 여사원이어서 말투와 행동에 여간 신경이 쓰이는 게 아니었다. 선배로서 별 도움을 주지 못한 셈이었다. 그럼에도 그 후배는 착실하게 일을 배워 과장으로 잘 성장했다. 덕분에 자신이 신입사원 시절에 방치되었다는 농담을 할 정도의 사이가 되었지만, 지금은 미안한 마음뿐이다.

직장인에게 주말은 언제나 순식간에 지나가는 시간이다. 어김없이 다가오는 월요일 아침 출근을 앞두고 혹시 직장 동료 중에 보고 싶은 사람이 있었던가? 물론 사내 커플은 예외다.

학교든 사회든 만나고 싶은 선후배나 친구가 있기 마련인데, 직장에서는 그런 일이 거의 없다. 만약 그런 동료가 있다면 당신은 정말 행복한 사람이다. 가족보다 오랜 시간을 함께 보내는 게 동료들인데, 껄끄러운 사이만 아니라도 다행일 것이다. 직장도 사람 사는 곳인데, 왜 서로 정을 붙이기가 힘들까? 내가 특별해서 그런 것 같지는 않다. 주변을 둘러보니 모두 어쩔 수 없이 다니는 표정들이기 때문이다.

아, 그러고 보니 우리 팀장님은 연휴에 우리를 보고 싶으셨을까?

상사는 외롭다. 윗분에게 깨지고, 아래와도 어울리는 게 힘들기는 마찬가지다. 안타까운 현실은 내가 싫어하는 상사가 나와 친해지고 싶어 한다는 것이다. 내가 상사가 되고, 상사가 된 동기나 후배의 얘기를 듣고서야 깨달은 것이다.

외로운 상사까지 내가 챙겨줘야 하나? 굳이 싫다면 친하지 않아도 된다. 내가 별로 불편함이 없다면 그래도 된다. 하지만 대부분의 사람들이 무 자르듯 깔끔하게 인간관계를 정리하기는 힘들다. 직장은 기본적으로 '일'을 하는 곳이지만, 그 일을 사람들이 하기 때문이다. 가령, 상사가 인공지능 컴퓨터라고 생각해보자. 조그만 실수라도 가차 없이 고과에 감점을 매길 것이다. 회사를 다닐 시간이 줄어들지도 모른다.

상사마다 특유의 성격이 있겠지만, 대부분 일을 잘하는 후배를 좋아한다. 당연하지 않냐고? 한번 생각해보자. 신입으로 들어오자마자 일을 척척 해내는 사람이 있을까? 드라마 속의 주인공이나 가능한 일이다. 대부분 일은 선배나 상사에게 배우고, 서로 협의하며 진행된다. 어느 시점부터 나에게 자율이 주어지기 시작하지만, 최종 결론은 상사에게 보고를 하면서 마무리 지어야 한다. 단 한 방으로 깔끔하게 보고가 끝나는 경우는 없다. 경우에 따라 몇 번의 수정이 필요할 수도 있다. 만약 내가 자존심에 상처를 입는다고 느끼게 되면, 아무래도 상사를 향한 발걸음이 줄어들게 된다. 상사와의 만남(이라고 쓰고 보고라 읽는다)이 자주 있어야 친해지게 마련이다.

반대로 상사는 후배를 어떻게 생각할까? 포털 국어사전에는 상사의 반대말이 부하라고 나와 있다. 개인적으로는 부하라는 단어가 불편하다. 군대 같은 느낌도 들고, 명령 한마디에 절대적으로 따라야 한다는 강압적인 용어처럼 보인다. 많은 경우 상사들은 실제로 부하처럼 다룬다. 선배로서 자기의 생각이 무조건 옳다고 여기는가 하면, 속마음과 다른 후배의 외부 태도를 그대로 받아들인다. 평소 자기의 말을 무조건 찬성하니까 그 후배도 삼겹살집 회식을 좋아하는 줄 안다. 하지만 상사보다 어려운 게 후배다. 솔직한 얘기를 듣기 힘들기 때문이다. 평소에 대화, 이메일, 메신저, 카톡 등 온갖 채널을 통해 진심을 파악해야 한다.

결국 상사건 후배건 서로의 진심을 확인하는 게 중요하다. 그러기 위해서는 일단 나부터 솔직해져야 한다. 뵙기가 두려운 상사에게는 어떤 점이 껄끄러운지 말씀드리자. 사실 상사는 공동의 목표를 달성하기 위한 동료다. 아무런 이유 없이 나를 미워하는 게 아니다. 함께 업무를 완수하기 위해 부족한 내 능력을 알려주는 코치다. 후배에게도 솔직하게 말하자. 사실 친해지고 싶다고, 내가 잘못 알고 있는 것을 제대로 알려달라고.

내 기분을 상하게 하는 얘기를 듣더라도 화내지 말자. 오히려 용기를 내어 얘기해줘서 고맙다고 하자. 그 후에 왜 화가 나는지, 무엇이 문제인지 가능한 한 많은 사람의 조언을 받자. 내가 상사이고 선배일지라도, 신이 아니라 인간이다. 나도 잘못할 수 있다.

직장에는 일만 있는 게 아니다. 주변 사람과의 친목도 중요하다. 객관적으로 일처리를 해야 한다고 하지만, 사람의 감정은 쉽게 다루기 어렵다. 일의 연장인가 아닌가 하는 논란이 많음에도 끊이지 않고 회식을 하는 이유다.

먹고 마시자는 회식이 주는 대신 문화행사가 늘고 있기는 하지만, 여전히 한국에서는 회식이 친밀함을 높이는 방법이다. 평소 서로의 입장을 바꾸어 생각해보자. 나라면 어땠을 것 같은가? 상대방이 이해가 되는가, 그렇지 않은가? 둘 중의 어느 쪽이라도 좋다. 지금 필요한 것은 솔직한 진심이다. 서로의 마음을 숨길수록 오해는 더 늘어나게 마련이다. 누구에게든 직장은 언제라도 떠날 수 있는 곳이다. 평생 지속하는 인연처럼 부담스럽게 여기지 말자. 이제는 각자의 부담스러운 가면을 벗고, 조금 더 자신을 드러내는 연습을 해보는 게 어떨까?

## 세줄요약

- 상사건 후배건 서로의 진심을 아는 게 중요하다.
- 의견을 표현할 때는 솔직하게 말하라.
- 인연은 한 번으로 끝나지 않는다. 언젠가 다시 만날 것을 염두에 두라.

# 인맥 확인은 외부 네트워크를 점검해보라

나의 명함에는 나를 설명하는 몇 가지 직함이 있다. 그중 첫 번째는 내 직장이라 할 수 있는 자기설계연구소의 대표이고, 두 번째는 함께성장인문학연구원 강사다.

업무를 교육담당으로 바꾸고 나서 3년쯤 되었을 때였다. 언젠가 내 꿈을 찾아 회사를 떠날 때를 위해 뭘 준비해야 할까 생각했을 때, 가장 먼저 떠올린 것은 외부 커뮤니티였다.

회사에서 만나는 사람들은 회사 얘기밖에 몰랐다. 회사 밖 사람들은 어떤 삶을 살아가는지 궁금했다. 책이나 방송을 통한 간접적인 얘기가 아니라 직접 얘기를 나눠보고 싶었다. 하지만 매일 밤늦게 퇴근하는 바쁜 상황에서 시간을 내어 참석하기는 어려웠다.

온라인 카페를 염두에 두고 여러 곳을 찾아보기 시작했다. 특히 글쓰기 모임에 관심이 많았다. 한때 내가 좋아하는 글에 생각을 보태어 지인들에게 메일을 보내기도 했고, 사람들과 함께 인문학 책을 읽으며 수필이나 에세이를 써보고 싶었다. 하지만 나와 관심이 비슷한 사람들을 찾는 게 쉽지는 않았다. 그러던 어느 날, 구독하던 이메일 뉴스레터에서 글쓰기 모임 신청자를 모집한다는 공지를 보았다. 읽는 순간 갑자기 내 가슴이 첫사랑을 본 것처럼 뛰기 시작했고, 왠지 운명의 부름이라는 느낌이 들었다. 보자마자 가입 지원서를 써서 보냈고, 며칠간 초조하게 기다린 끝에 합격 소식을 받았다.

그렇게 함께성장인문학연구원과의 인연이 시작되었다. 오랫동안 나는 이 만남이 우연히 이루어졌다고 생각했는데, 돌이켜보니 평소의 간절함이 모집 공지글에 꽂히게 만든 것이다. 마치 별똥별을 보면 가장 간절한 소원을 즉시 기원하는 것처럼.

업무를 마치고 피곤한 중에도 100일 동안 '치유와 코칭의 글쓰기' 프로그램을 통해 나를 돌아보는 에세이와 매주 한 권씩 도서 리뷰를 썼다. 2단계로 다시 100일 동안 사회적 관계 속에서의 나를 돌아보는 글쓰기를 했다.

3단계는 1년 동안 나만의 글쓰기 주제를 연구해서 책을 출간하는 게 목표였는데, 도저히 업무와 병행할 수가 없어서 포기하고 말았다. 연구원을 설립하고, 그동안 계속 글쓰기 지도를 해주었던 스승은 정말 안타까워했다.

글쓰기를 그만두자, 연구원에서의 활동은 소원해졌고 그렇게 7년여를 잊고 지냈다.

나름대로 회사에서 독립할 준비를 마쳤다 생각하고 회사 생활을 정리하던 마지막 달이었다. 운명처럼 연구원의 공지글을 또 보게 되었다. 그동안 수료했던 연구생들을 대상으로 1인기업가로 성장하는 인큐베이팅 과정을 모집한다는 것이다. 다시 한 번 가슴이 뛰었다. 사회로 내딛는 발걸음에 하늘이 기회를 또 주신 것 같았다. 이후 1년간 예전의 스승, 새로운 동기들과 함께 자신만의 프로그램을 만들고, 책을 썼다. 이 책이 그 결과물이다. 뿐만 아니라, 후배 연구생들의 공부를 돕는 인턴 과정을 거쳐 강사 자격증도 받았다.

회사를 다니면서 계속 세상을 향해 문을 두드렸다. 상담심리학에 대한 호기심은 사이버대학교와 에니어그램 수련 과정에 참여하도록 만들었다. 작가의 꿈을 좇아 한국여행작가협회가 주관하는 여행작가학교 과정을 수료했고, 책에 대한 관심은 출판 관련 세미나와 예비출판인들의 카페 가입으로 이어졌다. 사회의 선배들에게 조언을 얻고자 1인기업가들의 모임에도 참석했다. 그 과정에서 얻어진 수많은 사람들과의 교류와 인생 경험은 이후 독립하는 데 큰 힘이 되었다. 물론 회사를 나온 지금도 서로 도움을 주고받는 귀중한 네트워크가 되고 있다.

'던바의 법칙'이라는 게 있다. 옥스퍼드 대학 인류학과 던바(Robin Dunbar) 교수가 주장한 것으로, 진정한 사회적 관계는 최대 150명을 넘지 않는다는 내용이다. 원시부족 구성원을 비롯해 군대의 조직 등이 모두 150명 내외로 구성되어 있다고 한다. 내 이전 직장도 대략 한 개 부서가 이 정도 숫자였다.

나는 페이스북 등 SNS 인맥을 적극적으로 늘리는 유형이 아니라서 페이스북 친구(페친)가 대략 760여 명 정도다. 이 법칙에 따르면 그중 80%는 그냥 친구로만 등록되어 있을 뿐 정기적으로 연락하는 사이는 아니라는 얘기일 테다. 그리고 보니 150명은커녕 100명도 연락하기 힘들 듯하다. 연락이 힘들면 댓글이라도 정성스레 달아주어야 할까.

직장인들의 인맥은 대략 어떤 사람들일까? '인맥'이나 '네트워크'라는 단어를 듣는 순간 떠오르는 사람들은 직장 내부를 벗어나지 않을 것이다. 사실 가족보다 더 많은 시간을 함께 보내는 사람들이 바로 직장 동료, 선후배가 아닌가. 업무상 계속 커뮤니케이션을 해야 하고, 심지어 일을 마치고 술자리 회식조차 이들과 함께한다. 조금 영역을 넓혀 다른 팀, 다른 부서라 하더라도 업무라는 공통분모를 함께하는 사람들이 대부분이다. 영업직이라도 고객사 클라이언트 중심일 것이다. 지금 하는 일을 중심으로 네트워크가 형성되는 것이다. 일이 목적이 아니라면 회사 내 동호회를 통해 친목을 다지거나, 학창 시절 친구들과의 정기적인 모임 정도일 것이다.

사람의 성향은 매우 다양해서 모임 자체를 싫어하는 사람도 있다.

MBTI에서도 내향성과 외향성이 나뉘며, 에니어그램 성격유형 검사에서도 관계 지향 가슴형과 사고 지향 머리형은 전혀 다르다. 모든 사람이 관계 맺기를 좋아하거나, 인맥을 확대해야 한다고 여기는 것은 아니라는 얘기다. 네트워크가 모든 사람에게 반드시 필요하다고 할 수는 없지만, 직장인이라면 생존을 위해서라도 사람들과의 교류가 필요하다. 내가 먼저 손을 내밀건, 내민 손을 내가 잡건 상호연결이 있어야 일을 할 수 있다.

그러면 일 이외의 만남은 어떨까? 직장을 벗어나 사람을 만나본 적이 있는가? 이웃집이나 우연히 알게 된 지인을 제외하고, 내가 의도적으로 어떤 분야의 사람들을 만나려고 시도하는 것 말이다.

직장인 네트워크의 핵심이 바로 그것이다. 나의 꿈을 찾으려면 비슷한 생각을 가진 사람들과의 교류가 필요하다. 회사 내의 인맥은 일을 위한 동료이지 꿈을 함께 찾는 사람은 아니다. 물론 나의 꿈을 회사 내에서 실현할 수도 있지만, 그건 회사가 나를 동반자(?)로 생각해주어야 가능한 일이다.

온라인 모임이나 SNS 교류에 중요한 조건을 하나 더 달자면, 오프라인 모임을 꼭 같이 하는 게 좋다. 페이스북이나 인스타그램처럼 개인 관심사를 공유하는 SNS에서는 가면(Persona)을 쓰는 경우가 많다. 자신의 삶이 행복해 보이도록 포장을 하고, 자기가 생각하는 이상향의 모습을 상상하며 글을 쓰거나 사진을 올린다. 반면 오프라인 모임에서는 인간적이고 솔직한 얘기를 나누는 경우가 많고, 서로의 경험을 공감하면서 마음의 빗장을 열기도 한다.

이렇게 사람들을 만나면 만날수록, 그들의 눈을 통해 나의 시야도 넓어지는 것을 느낀다. 또한 그렇게 시야가 넓어질수록 내가 도전할 수 있는 영역이 늘어나는 것도 느낀다. 인터넷에 올라 있는 수많은 정보들이 세상의 전부는 아니다. 지금 이 시간에도 세상 어느 곳에서는 나와 같은 꿈을 지니고 나를 만나고 싶어할 사람들이 살아가고 있다. 이제 직장이라는 울타리를 벗어나 그들을 찾아 떠나보자.

## ⬇ 세 줄 요약

- 인맥 네트워크는 회사 밖에도 필요하다.
- 같은 관심사를 갖고 있는 사람들을 직접 만나라.
- 서로 교류를 통해 나의 시야와 도전영역이 늘어난다.

# 이력서는 수시로
# 써봐야 한다

내가 회사에서 가장 오래 모신 팀장은 사원 시절부터 15년 이상 함께 보낸 분이라 개인적으로 잘 알았다. 하지만 팀의 규모가 커지면서 팀원이 수백 명에 이르게 되자 자주 뵙지 못하고 공식 보고일정이 잡혀야 말씀을 나눌 수 있었다.

가끔 엘리베이터에서 마주치는 경우가 있었는데, 그때 팀장이 자주 했던 질문은 "요즘 뭐 하고 있나?"였다. 이를테면 자기계발서나 사업 지침서에 자주 등장하는 소위 '엘리베이터 스피치'였는데, 오르내리는 30초 남짓한 아주 짧은 시간에 내가 진행 중인 업무를 설명해야 했다.

아마 팀장도 대략 내가 무슨 일을 하고 있는지 알았을 테지만, 나는 늘 그 대답을 준비해두었다. 최근 1~2주 이내에 진행한 과제의 진척사항을 중심으로 말씀드리면 귀 기울여 듣고, 사안에 따라서는 별도로 일정을 잡아 자세하게 보고하라고 하기도 했다.

회사를 다니면서 수시로 나의 관심사를 묻는 상사도 있지만, 처음 내 관심사에 대한 질문을 받은 것은 입사 면접 때가 아닌가 싶다.

20년 전의 일이기도 하거니와 워낙 긴장해 있던 터라 어떤 질문과 대답이 오갔는지 기억이 가물가물하다. 당시에는 인터넷도 보편화되지 않았고, 지금처럼 온라인 카페가 활성화된 시절도 아니어서 이력서나 면접과 관련된 정보를 얻기가 어려웠다. 지원하는 회사에 아는 선배라도 있다면 많은 도움을 받았을 텐데 인맥을 총동원해도 아는 분이 없었다. 게다가 이미 다른 회사 면접에서 한 번 탈락하고 두 번째로 면접을 보는 터여서 긴장감은 더했다. 다행히 두 번째에 합격을 했기에 더 이상 면접을 보는 일은 없었다. 아무튼 바르르 떨리는 목소리였지만, 우렁차게 대답했던 기억밖에 안 난다.

한동안 이력서와 면접을 잊고 지내다가 교육담당자로 직무를 전환하고 인사 관련 업무를 함께 진행하다 보니 과장 직급으로 신입사원 채용 면접에 참여하게 되었다. 회사의 인사제도 프로세스가 잘 구축되어 있는 편이라, 면접위원 지침 교육도 받고 면접 시스템을 통해 온라인으로 이력서도 볼 수 있었다.

파릇파릇한 지원자들을 보니 십수 년 전 긴장했던 내 모습이 떠올라 최대한 안심을 시키며 부드럽게 질문했다. 그래도 그들의 긴장감을 덜어줄 수는 없었다. 지원자들은 한 시간도 안 되는 짧은 시간에 자신이 가장 자신 있는 분야를 최대한 홍보해야 했기 때문이었다.

면접 절차는 지원자가 들어오기 전에 잠깐 이력서를 훑어보고, 면접장에 들어온 지원자가 자신의 의견을 발표하고, 면접위원이 질문을 하는 게 일반적이었다. 지원자에 대한 정보가 일부 있기는 했지만 우선 이력서를 토대로 지원자의 특성을 파악해야 했다. 뭔가 특이한 경험을 했거나 자신만의 포부를 개성적으로 표현한 사람은 질문할 내용도 많았고, 답변을 통해 미처 글로 표현하지 못한 자신의 관심사를 발표할 기회를 얻기도 했다.

안타까운 경우는 이력서도 평범하고, 준비한 내용도 판에 박은 듯 다른 지원자와 같거나, 심지어 특별히 할 얘기도 없을 때였다. 안쓰러운 마음에 마지막으로 더 하실 얘기가 없느냐고 물어보기도 하는데, 답변을 들어보면 대부분 첫인상과 크게 달라지는 게 없었다. 가끔은 본인도 그러한 준비가 부족했음을 느끼는지, 여성 지원자 중에는 눈물을 보이는 이도 있었다.

회사를 나온 이후 회사에서 마련해준 퇴직자 재취업 프로그램에 참여한 적이 있었다. 향후 독립을 앞둔 직장인들에게 어떤 도움을 줄 수 있을지 혹은 어떤 분들이 퇴직을 하셨는지 알고 싶었기 때문이다.

프로그램 참여자 대부분이 이직을 염두에 둔 상황이었기에 이력서 작성법이 필수과정으로 포함되어 있었다. 그 과정을 수강하며 좀 놀라웠던 사실은 많은 분들이 퇴직에 가까운 나이까지 오랫동안 회사생활을 했음에도 자신의 이력을 잘 모른다는 것이었다. 그동안 업무 경력이나 프로젝트 결과를 사내 전산 시스템에 입력을 해왔기 때문에 시스템을 볼 수 없는 지금은 기억이 잘 안 난다는 것이었다. 하지만 나는 퇴사 전에 나의 이력과 자격증명 등을 개인적으로 정리해두었기 때문에 상대적으로 수월하게 이력서를 적을 수 있었다. 나의 이력을 떠나온 회사에 남겨둔다는 것은 소중한 내 역사를 그곳에 버리고 온다는 것 아닌가.

지금까지 글을 읽으면서 어떤 느낌이 들었을지 궁금하다. 혹시 마지막으로 썼던 이력서의 내용이 기억나는가? 만약 지금 면접을 보고 이력서를 쓴다면 어떻게 쓸 것인가?

직장인이라면 누구나 한 번 이상 이력서를 써봤을 것이다. 기업에 따라 나름의 형식이 다르기는 하지만 에세이 형식의 자기소개서(자소서)를 쓰는 경우도 있다. 지금 내가 이력서를 다시 쓴다면 어떤 내용을 적을 것인가? 당장 회사를 옮기지 않는다 하더라도 이력서를 써보는 것은 지금의 나를 돌아보는데 큰 도움이 된다. 짧게는 지난 1년의 이력에서부터 길게는 입사 후 지금까지의 이력을 모아보면 내가 어떤 일에서 성과를 거두었는지 한눈에 알 수 있기 때문이다.

물론, 그 많은 일들을 평소에도 늘 머리에 담아두는 것은 아니기에 지난 일을 되돌아보자면 노력이 좀 필요하다.

유명인사들은 인생의 어느 시점을 지나면서 자서전이나 비망록을 쓴다. 비록 홍보물이라는 비난을 받기도 하지만, 자신을 알린다는 그 목적은 충분히 달성하는 셈이다.

이력서는 직장에 들어가 지금까지 쌓아올린 나만의 자서전과도 같다. 즉 이력서는 나를 전혀 모르는 사람에게 내가 어떤 사람인지 알려주는 나만의 역사인 셈이다. 그렇다면 그 역사는 누가 제일 잘 알고 있을까? 바로 나 자신이다. 그런 나의 역사를 나조차도 잘 모르고 있다면, 아무도 나의 역사를 챙겨줄 수 없다.

그렇다면, 이력서를 어떻게 정리하는 게 좋을까? 어느 회사, 어느 부서에서 일했다는 것은 큰 의미가 없다. 무슨 일을 어떤 방식으로 했느냐가 중요하다. 해당 프로젝트에서 어떤 역할을 수행했고, 어떤 성과를 거두었는지 말할 수 있어야 한다. 지금 회사에서 열심히 일하고 있더라도 마찬가지다. 지금 내가 하고 있는 일들을 나중에 이력서에 어떻게 적을지 상상해본다면 지금의 마음가짐도 달라질 수밖에 없다.

이력서를 쓸 때 중점을 둘 것은 자신이 성과를 거둔 내용을 중심으로 쓰는 것이다. 나의 약점이나 소소한 내용까지 정리할 필요는 없다. 왜냐하면 바로 그 성과에서 나의 강점을 찾아낼 것이기 때문이다. 경영의 구루 피터 드러커는 그의 저서 《21세기 지식경영》에서 직무의 변화에 따른 강점 탐색을 다음과 같이 설명했다.

> 겨우 수십 년 전만 해도 거의 대다수 사람들에게는 자신의 강점을 안다는 것이 적절하지 않은 일이었다. 사람은 애초부터 어떤 직무에 그리고 어떤 종류의 작업에 적합하게 태어났다. 농부의 아들은 농부가 되었다. 만약 농부로서 적합하게 태어나지 않았다면 그는 실패했다. 마찬가지로 예술가의 아들은 예술가가 되고, 그리고 그 밖에도 비슷했다. 그러나 현재 사람들은 많은 것을 선택할 수 있다. 그러므로 사람들은 자신의 강점을 알아야만 하고, 그래서 자신이 어디에 적합한지를 알 수 있게 되는 것이다.

다시 말해 내가 선택한 많은 일들 중에서 나의 강점을 찾아내는 노력을 해보라는 것이다.

이력서 양식은 딱히 정해진 것이 없다. 우스갯소리로 자소서(자기소개서)가 아닌 '자소설(자기소개 소설)'을 쓰지 말라는 충고도 있다. 자신을 너무 과대 포장하느라 소설처럼 쓴다는 것을 풍자한 신조어다.

주변 동료에게 검증을 받았다면 나의 성과나 강점으로 보아도 좋을 것이다. 처음에는 한 줄을 쓰는 것도 고민일 것이다. '내 일'에 대해 진정한 고민의 기회가 없었다면 더욱 쓰기 어려울 것이다. 무엇부터 써야 할지 모르겠다면 연간 단위로 1~2줄씩 큰 업무 위주로 정리해보는 것도 좋다. 그리고 가능한 한 숫자를 활용해서 적으면 다른 사람이 보기에도 객관적이라는 인상을 준다. 즉, '효율 향상 결과를 거둠'보다는 '전년 대비 30% 효율 개선함'과 같이 표현하라.

일단 작성했으면 주위 사람들에게 보여주자. 함께 보는 이유는 공감과 보완을 위해서다. 특히 가족들은 내 일을 막연하게 알고 있는 경우가 많다. 무척 궁금했지만, 지금까지 그냥 지켜만 봤을 수도 있다. 그리고 '매일 같은 일만 하는 게 아니었구나' '저런 결과를 내기 위해 얼마나 노력했을까' '야근을 해야 하는 사정이 저 일 때문이었구나' 하고 공감할 수 있다. 이후에 회사 얘기를 꺼내더라도 충분히 이해해줄 수 있을 것이다.

동료나 친구라면 내가 미처 생각지 못한 부분을 보완해줄 수도 있다. 어떤 부분을 강조해야 한다거나, 어떤 특정 분야에서 나의 역할이 무엇이었는지 객관적으로 피드백을 해줄 수도 있다. 다시 말해 이력서는 향후에 나를 전혀 모르는 사람에게도 소개해야 하는 내용이기 때문에 나 이외의 시각에서 검토할 필요가 있는 것이다.

지금부터 이력서를 써보면서 나만의 지난 역사를 돌아보자. 지금 일에 대한 시각도 달라질 것이다. 다시 한 번 강조하지만, 이력서는 회사를 나와서 준비하는 것이 아니다. 앞으로 훌륭한 경력을 만들어가기 위해 지금 이 순간 써봐야 한다. 내가 일을 하는 동안 끊임없이 수정할 나 자신의 기록이니까.

**⬇ 세줄요약**

- 마지막으로 쓴 이력서를 떠올려보자.
- 지금의 성과를 종합해서 이력서를 써보자.
- 주변의 지인들에게 이력서를 보여주고 피드백을 받아보자.

# 가족은 나를 꿰뚫고 있는 조력자이다

아내와 처음 만난 것은 신입사원 시절이었다. 주말도 없이 바쁜 때였고, 이러다 연애할 여자도 못 만나는 게 아닐까 싶어 동아리 후배에게 소개팅을 시켜달라고 졸랐다. 후배도 또 한 다리를 건너 아내를 소개했고, 휴대폰도 없던 시절 아내와 나는 서로 삐삐(무선호출기) 번호만 받은 채 어린이날 오후에 명동에서 만나기로 했다.

휴일임에도 변함없이 회사로 출근했고, 정오 무렵 예정했던 퇴근은 두 시간이나 지나서야 가능했다. 아내는 내가 헐레벌떡 도착할 때까지 두 시간이 넘도록 기다려주었고, 그렇게 연애를 시작해서 2년 후에 결혼을 했다. 아내는 내가 회사 내에서 부서나 직무를 바꿀 때는 물론 회사를 떠나겠다는 결정까지 늘 옆에서 지지해주었다.

회사를 나오기 1년 전, 이제는 독립해야겠다는 결심을 최종적으로 굳힌 다음 아내와 함께 부동산 자산과 은행 부채를 정리해보았다. 맞벌이는 아니었지만, 아내가 재테크 수완이 좀 있어서 제법 재산이 모였다. 당분간 수입이 없더라도 어느 정도 여유를 가지고 홀로서기를 할 수 있는 여력이 있음을 확인했다. 회사를 나오자마자 생계전선에 뛰어드는 게 아니라서 다양한 비즈니스를 탐색해볼 수 있다는 것은 큰 도움이 되었다.

그러한 믿음들이 회사로부터의 독립에 큰 용기를 주었다. 만약 아내가 끝까지 반대했더라면 나도 쉽게 결정을 내리지 못했을 것이다. 물론 독립 이후의 계획을 아내와 공유하면서 설득한 결과이기도 했다.

회사에서 독립한 이후 부동산과 관련 대출을 정리하고, 퇴직금을 포함해 최대한 현금을 확보했다. 1인 지식기업으로 자기탐색과 진로성장과 관련된 강의와 컨설팅을 진행하기로 계획했기 때문에 별도의 사무실은 당분간 마련하지 않기로 했다. 독립 초반 몇 달은 집에서 업무를 보았는데, 가장 큰 문제점은 집과 일터의 구분이 모호하다는 것이었다. 집 안을 돌아다니다 보니 냉장고 안의 음식을 비롯해서 여기저기 정리하거나 손봐야 할 것이 계속 보였다. 연구를 하거나 일을 하는 시간보다 살림에 관여하는 시간이 더 늘었다. 그러다 보니 아내의 활동영역과 부딪히는 횟수도 늘어났다.

더욱 큰 문제는 사전에 아내와 퇴직 문제를 충분히 협의했다고 생각했음에도 막상 퇴직을 하고 보니 아내가 우울증을 보인 것이다. 처음에는 아내가 미래에 대한 불안감을 떨치지 못한 것이라 여겼는데, 안정된 생활에서 벗어난 상실감은 예상보다 컸다. 잠을 이루지 못해 불면증이 심해졌고, 불면증은 다시 우울증과 끊임없는 상상을 불러와 다시 잠을 못 자는 악순환에 빠졌다.

심리치료와 약물처방, 치유와 코칭을 위한 글쓰기 과정을 통해 몇 달 동안 노력한 결과 지금은 다시 본래의 일상을 되찾았다. 비록 글로는 몇 줄로 표현했지만 온 가족이 반년 가까이 정말 힘들었다. 무엇보다 나 스스로 흔들리지 않고 끝까지 믿음과 사랑을 보여주며 버텨내는 노력이 필요했다. 제2의 인생을 위한 준비는 당사자뿐만 아니라, 가족이 함께해야 함을 깨달은 계기였다.

내가 하는 일의 변화로 가장 큰 영향을 받는 사람은 바로 가족들이다. 지금까지 가족들은 내가 하는 일에 따른 수입이나 근무방식에 맞춰서 살아왔기 때문이다. 매달 꼬박꼬박 나오는 월급에 한 달의 생활비가 정해지고, 내가 쉬는 날에 맞춰 놀러가거나 가족행사를 가졌을 것이다. 하지만 그중에서도 가장 염려가 큰 부분은 아마 경제적인 문제일 듯싶다. 만약 가족 중에 돈을 버는 사람이 또 있다면 그나마 영향이 덜하겠지만, 나 홀로 돈을 버는 경우라면 그 영향은 절대적이다.

물론 대부분의 외벌이 가장들은 그 점을 늘 염두에 두고 있고, 맞벌이 워킹맘은 일과 육아의 사이에서 언제나 갈등을 겪는다.

대부분의 사람들은 평생을 가족과 함께하지만, 가족의 구성원은 계속 바뀌게 된다. 이를테면 취업이나 결혼할 때까지는 부모나 형제와 함께하고, 그 이후에는 배우자를 맞이하여 새로운 가족을 만들게 된다.

요즘처럼 취업이 힘든 시대에 회사를 나온다고 한다면 "그 좋은 직장을 왜 그만두나?" "남들은 들어가지 못해 안달이라던데……" "아직 배가 고파본 적이 없구나" 같은 반응을 보이는 경우가 많을 것이다. "지금이라도 꿈을 찾기 바란다" 이런 멋진 얘기를 들을 수 있다면 정말 행복한 경우다. 부정적 반응이 많은 이유는 일에 대한 가치나 평가에 있어 연봉이나 복리후생과 같은 물질적인 결과에 초점을 맞추는 경우가 많기 때문이다. 즉 내 꿈을 찾아 일을 바꾸거나 새로운 일을 시작할 때, 가족의 이해를 받는 게 당연한 일은 아니라는 말이다.

가족들이 받을 영향을 생각해서 일부러 얘기를 꺼내지 않는 사람도 많다. 본인이 모든 계획을 세우거나 결정을 내린 후 결과만 통보하는 형식이다. 내가 이렇게 고민하고 준비했으니 가족들은 나를 믿고 그 뜻을 따르라는 것이다.

가족들을 염려해서 그랬건, 확실한 자신감에 넘쳐서 그랬건, 가족들 입장에서는 당황스러울 게 분명하다. 이미 모든 결정이 내려진 상황에서 가족들이 도와줄 수 있는 건 없다. 하지만 다시 생각해보면 가족들은 누구보다 나와 함께 오랜 시간을 보낸 사람들이다. 비록 물리적인 시간은 회사에서 더 많이 보냈을지라도, 좋든 싫든 나에 대해 늘 관심을 갖고 보는 사람들이다. 다시 말해 가족은 누구보다 나를 잘 알고 있는 사람들이라는 뜻이다.

가족들이 내가 하는 일에 대한 전문적인 지식은 부족할지 몰라도, 나의 성격이나 일을 대하는 방식에 대해서는 조언을 해줄 수 있다. 미리 내 계획을 얘기해준다면, 더 나은 방향으로 지도와 격려를 받을 수 있다.

몇 년 전 과거의 향수를 불러일으키며 시청률이 높았던 '응답하라 1988' 이라는 드라마가 방영된 적이 있다. 서울 쌍문동을 배경으로 평범한 중산층 가족의 삶을 다루었는데, 많은 시청자들이 마치 자신의 얘기를 보는 것 같다며 크게 공감했다.

드라마 종영을 얼마 앞두고 방영된 에피소드 중 '아빠의 명예퇴직'과 관련된 장면이 있었다. 비록 드라마이긴 하지만 가족의 진심 어린 지원이 얼마나 큰 힘이 되는지 보여주는 얘기였다.

당시 상황을 설명하자면, 딸 덕선(김혜리 분)은 1994년 금융권 구조조정의 폭풍 속에 명예퇴직한 아빠(성동일 분)를 위해 자체적으로 감사패를 만들어 가족들이 모인 식당에서 다음과 같이 눈물 속에 읽어 내려간다.

감사패. 26년간 OO은행에 기여해주신 성동일 과장님의 노고에 감사드립니다. 이제 더 이상 성동일 과장님이라는 이름으로 불릴 수 없겠지만 변함없는 건 성동일은 이일화의 남편이자 성보라 성덕선 성노을 삼남매의 자랑스러운 아빠라는 것입니다. 우리 아빠가 가장 싫어하는 말은 만년 대리와 빚보증입니다. 우리 아빠가 제일 잘하는 건 쓸데없는 물건 사기, 우리에게 뽀뽀하기입니다. 그리고 우리 아빠가 제일 사랑하는 건 바로 우리 가족입니다. 아빠의 딸로서 그리고 아들로서 다정한 말 한 마디 건네지 못해서, 좋아하시는 술 한 잔 함께 마셔드리지 못해서, 먼저 안아드리지 못해서, 사랑한다 말하지 못해서…… 그리고 아빠라는 그 이름의 무게를 헤아리지 못해서 미안하고 죄송합니다. 그럼에도 아낌없이 주는 나무처럼, 보라에겐 존경하는 아빠, 덕선에겐 친구 같은 아빠, 그리고 노을에겐 든든한 아빠가 되어 주셨기에 그 감사한 마음을 담아 이 패를 드립니다.

- 자식 일동

드라마에서는 온 가족이 아름답고 화목하게 서로의 사랑을 확인하지만, 사실 가족 내에서의 소통은 쉽고 간단하게 행할 수 있는 게 아니고 개인적으로나 사회적으로도 중요한 이슈다. 막상 어디에서부터 얘기를 꺼내야 할지, 굳이 지금 이 얘기를 꺼내야 할지 고민스럽기도 하다.

소통하는 방법과 관련해서는 많은 책과 미디어에서 다루기 때문에 여기에서 자세하게 언급할 필요는 없을 것이다. 어쨌든 핵심은 우선 상대방의 입장을 배려하는 것이다. 즉, 이 얘기를 듣는다면 상대방은 어떤 느낌이 들까 생각해보는 것이다. 나에 대해 염려하는 마음일 수도 있고, 상대방 자신도 불안한 마음일 수도 있다. 하지만 그 느낌을 확인하기 위해, 가능한 한 빨리 자주 얘기를 나눠보는 게 최선이다. 누구의 생각이 옳은가 그른가를 떠나서 상호 이해와 조율에는 시간이 필요하기 때문이다. 다시 말해 서로의 생각을 알아가는 시간이 필요하다. 그래야 나중에 도움이 필요할 때 자연스럽게 손을 내밀 수 있고, 잡을 수 있다.

일과 가족을 놓고 볼 때, 일이나 직장은 언제든 바꿀 수 있지만 가족은 바꿀 수 없는 사람들이다. 물론 당장의 우선순위를 놓고 본다면 일과 가족 중에 일을 먼저 놓을 수도 있다. 정시에 퇴근해서 가족들과 행복한 저녁을 보내고 싶은 것은 모든 직장인의 꿈이지만, 경우에 따라서는 오늘 저녁도 야근을 해야 하는 경우가 있기 때문이다.

매슬로라는 심리학자의 '인간욕구 5단계 이론'에 따르면 최상위의 욕구는 자아실현의 욕구라고 한다. 하지만 가족과의 행복한 삶을 위해 가족보다 일의 우선순위를 높게 둔다는 것은 말이 안 된다. 오늘도 열심히 일하는 이유가 어디에 있는지 다시 한 번 곰곰이 생각해봐야 한다. 말로는 가족을 위해서 힘들게 일하고 있다지만, 진정으로 가족과 소통하며 그들의 이야기에 귀를 기울이고 있는지 돌아보는 시간을 가져보자.



- 내 일에 따라서 가족들도 직간접적으로 영향을 받는다.
- 가족은 누구보다 나를 잘 아는 사람들이다. 조언을 구하자.
- 가족의 입장에서 어떤 느낌이 들지를 배려하며 얘기해보자.

# 타고난 성격유형부터
# 탐색을 시작하라

내가 성격유형에 관심을 갖게 된 것은 아내와 함께 부부상담을 받으면서 부터였다. 결혼 7년차였고, 우리 부부 사이에는 아이가 없었다. 사소한 일로 다툼이 잦았고, 집에는 늘 냉랭한 분위기가 돌았다. 주변 지인의 조언으로 상담을 받았는데, 근본적인 원인을 파고들어가 보니 각자의 어린 시절부터 쌓여온 가족 간의 묵은 감정이 원인이었다. 즉, 배우자가 아니라 바로 자신에게 문제가 있었던 것이다.

이후 서로의 믿음을 다시 확인하고, 아이도 갖기로 하면서 부모교육을 받았다.

부모교육에는 올바른 아이를 키우기 위해서는 먼저 부모가 올바른 교육을 통해 건강한 마음의 부모가 되어야 한다는 목표가 있었다. 그 과정에서 자신의 성향이 무엇인지 확인하는 도구가 MBTI라는 성격유형 검사였다. 당시 나의 결과는 내향적이고 직관적이며, 감정적이고 현실순응형의 특징을 보였다. 내가 예상했던 것과는 달라서 좀 당황했던 기억이 있다. 회사에서는 정반대의 모습으로 생활하고 있었기 때문이었다. 그때에야 비로소 내가 회사와 집에서 전혀 반대의 모습으로 살고 있음을 깨달았다.

그 일을 계기로 겉으로 드러나는 행동과 다른 내면의 또 다른 모습이 있다는 게 흥미로웠고, 좀 더 공부해보고 싶다는 생각이 들었다. 직장을 계속 다녀야 하는 현실적인 문제 때문에 우선 사이버대학 상담심리학과에 편입했다. 심리학의 각종 이론과 실험을 공부하면서 자신에 대한 탐색이나 사람에 대한 이해가 쉽게 다룰 수 있는 문제가 아님을 깨달았다.

그 당시 나와 상대방에 대한 이해를 돕는 도구로써 에니어그램이라는 성격유형 검사 방법을 배우고 강사 자격도 이수했다.

성격유형 탐색의 유용함을 알고 나서, 당시 새로 맡게 된 교육 관련 업무에 적용해보았다. 팀에 배치된 신입사원들을 사내 상담소에 데려가 전원 MBTI 검사를 받게 했다. 그리고 부서별로 직무 배정을 할 때 검사 결과를 최대한 반영시켰다. 1주일 이상의 장기교육에서 입과자들의 결속력을 높이기 위해 서로를 이해하는 방법으로 성격유형을 활용하기도 했다.

물론 주변 지인들에게도 직접 에니어그램 검사를 시행했는데, 특이하게도 거의 대부분 주변과의 화합을 중요시하는 유형이었는데, 아마도 회사에서 그런 인재상을 원했기 때문에 그런 사람들이 주변에 많았던 것인지도 모르겠다.

'내 꿈 찾기'를 위해 소개하고 싶은 방법 중 하나가 바로 성격유형 검사다. 많은 분들이 '심리검사'라는 표현을 쓰곤 하는데, 심리검사는 개인의 지능 및 마음(심리)의 상태를 알아보는 더 넓은 개념이다. 성격유형 검사는 여러 가지 심리검사 중 하나로 볼 수 있다. 우리에게 익숙한 심리유형 검사로는 MBTI, 에니어그램, DiSC, 도형심리 검사 등이 있다. 이런 도구들을 통해 파악한 성격유형을 바탕으로 본인이 잘할 수 있는 강점 분야를 찾을 수 있을 것이다.

내 꿈 찾기에서 성격유형 검사가 중요한 이유는 많은 사람들이 자신의 특성을 객관적으로 잘 모르기 때문이다. 내 경우에도 본래는 내향적인 성격인데, 직장에서 원하는 업무방식은 외향적으로 처리해야 하는 경우가 많았다. 사람들과의 대응이 힘들었던 나는, 나의 재능이나 역량이 부족한 게 아닐까 고민이 컸다. 성과가 나지 않거나, 목표 달성에 어려움도 많았다.

그러다 나의 성격유형을 알게 된 뒤에야 비로소 있는 그대로의 나 자신을 받아들이고 보완할 부분을 찾을 수 있게 되었다. 그리고 외향적인 기질은 부족한 것이 아니라 조금 더 신경을 써서 새로 개척해야 할 분야라고 생각을 바꾸었다.

의도적으로 발표 기회를 늘린다거나 강의 스킬 등을 연습하는 노력을 더 했다. 덕분에 지금은 주변 사람들이 잘 모를 정도로 자연스럽게 내향과 외향을 오가는 모습을 갖게 되었다.

인터넷을 검색해보면 여러 성격유형 검사에 대한 정보가 나와 있기는 하지만, 대표적인 몇 가지 검사에 대한 간략한 설명을 통해 이해를 돕고자 한다. 또한 단순히 주변 사람들의 분석이나 충고를 따르거나, 잡지 또는 인터넷의 몇 가지 심리테스트를 해보는 것보다 사내 상담소나 정식 자격을 갖춘 분들에게 정확한 검사를 받아보기를 권장한다.

어떤 검사방법이 제일 좋은가 하는 것은 사람마다 견해가 다를 수 있으므로, 기회가 된다면 가능한 한 많은 검사를 통해 다각적으로 자신의 모습을 살펴보는 것도 좋다. 자신이 제일 이해하기 쉽고 공감이 가는 분석방법이

제일 좋은 검사다.

가장 많이 알려진 검사는 MBTI다. 심리학자 칼 구스타프 융 박사의 심리유형론을 근거로, 캐서린 쿡 브릭스와 그의 딸 이사벨 브릭스 마이어스에 의해 2차 세계대전 시기에 개발되었으며, 모녀의 이름을 따서 검사 명칭으로 삼았다.

네 가지 척도별로 두 가지 종류의 경우에 따라 총 16가지 유형이 나올 수 있고, 척도의 첫 글자를 따서 'ENTP'처럼 네 개의 알파벳 명칭이 나온다.

각 척도는 정신적 에너지의 방향이 외향적인가(Extroverion)/내향적인가(Introversion), 세상을 인식하는 방법이 감각인가(Sensing)/직관인가(iNtuition), 판단과 결정을 하는 방식이 생각인가(Thinking)/감정(Feeling)인가, 실생활에 대처하는 방식이 계획적인가(Judging)/즉흥적인가(Perceiving)로 나뉜다.

오래된 검사인 만큼 수많은 검사 결과와 다양한 참고자료들이 있지만, 경우의 수가 너무 많아서 각 유형별로 뚜렷한 특색을 구분하기가 어렵고, 보통 사람들이 알파벳 네 글자를 외우기 힘들다는 단점이 있다.

최근 들어 많이 시행되는 검사는 에니어그램(Enneagram)이다. 2,500년 전부터 중동지방에서 구전되어 오다가, 1970년대 미국에서 본격적으로 연구되었고, 국내에는 1990년대 후반에 도입되었다. 성격유형을 가슴형/머리형/장형의 세 개로 나누고, 다시 가슴형은 2번/3번/4번으로, 머리형은 5번/6번/7번으로, 장형은 8번/9번/1번으로 나눈다.

가슴형은 주로 사람과의 관계와 정서를 중요하게 여기며, 머리형은 자신의 생각과 논리를 기반으로 하고, 장형은 세상을 향해 본능과 습관에 따라 대응하는 유형이다. 각 유형별로 장단점을 분석하여 인격이 건강한 방향으로 성장하는 원리를 구체적으로 제시한다.

주된 성격 유형 이외에 날개라는 개념의 보조 성격 유형도 함께 다룬다. 궁극적으로 아홉 가지 유형의 장점을 모두 통합하여 이상적인 인격체 완성에 목표를 두고 있다.

DiSC는 1920년대 미국의 윌리엄 마스톤 박사에 의해 개발된 검사다. 개인별로 독특한 동기에 따라 특정한 행동 패턴이 나타난다는 이론을 바탕으로 한다. 크게 네 가지 유형으로 분류하는데, 원하는 결과를 얻기 위해 스스로 환경을 구축해나가는 주도형(Dominance), 다른 사람을 설득하거나 영향을 줌으로써 환경에 대응하는 사교형(Influence), 목표를 위해 다른 사람과 협력하는 안정형(Steadiness), 기존의 환경 내에서 꼼꼼하게 일을 처리하는 신중형(Conscientiousness)이 있다.

비교적 검사가 간단하고, 유형이 단순하게 정의되어 이해가 쉬워서 기업체 등에서 많이 활용하고 있으나, 심층적인 내면 탐색에는 조금 어려움이 있을 수 있다.

도형심리 검사는 비교적 최근에 소개된 검사법이다. 그리스의 의사이자 철학자였던 히포크라테스의 4기질론(다혈질/담즙질/점액질/우울질)에 근거하여 동그라미/세모/네모/에스의 네 가지 유형으로 분류하는 방법이다.

동그라미 유형은 열정적인 활동가이며, 감성이 풍부하고 대인관계가 뛰어나다. 세모 유형은 목표지향적인 리더형이며, 책임감이 있고 추진력이 있다. 네모 유형은 겸손한 평화주의자이며 침착하고 꼼꼼하게 다른 사람과 협력을 잘한다. 에스 유형은 창조적인 전문가형으로 직관적이고 다재다능하며 자유로운 영혼을 지녔다.

간단하게 그림을 그려보는 것만으로도 성격을 완벽하게 파악하는 것처럼 소개하기도 하는데, 가능하다면 정식으로 자격 있는 분의 문항검사를 통해 자신의 정확한 도형을 아는 게 중요하다. 일단 자신의 주요 도형 두 가지를 파악해두면, 검사지에 도형을 그려보는 것만으로도 현재의 마음 상태를 가늠해볼 수 있다는 장점이 있다. 신기하게도 검사를 받을 때마다 다른 그림을 그리게 되는 특징이 있다.

이외에도 다양한 검사가 있을 수 있겠지만, 위의 네 가지 중 몇 가지만 해보아도 자신의 성격유형을 파악하는 데 큰 무리가 없을 것이다. 자신의 성격유형을 알게 되면, 지금 내가 하고 있는 일이나 업무가 나에게 적합한 것인지 알 수 있다.

나는 MBTI는 INTJ 유형으로 내향적이면서 꼼꼼한 사고를 좋아하고, 에니어그램은 장형 9번으로 평화로우며 원만한 대인관계에 장점이 있다.

DiSC는 타인과의 협력에 능한 안정형(S)이며, 도형 검사 결과는 열정적인 동그라미형과 꼼꼼한 네모형이 섞인 형태다.

종합해보면, 회사에서 개발자로 시작했던 업무가 궁극적으로는 임직원의 역량 개발과 성장을 돕는 교육 관련 업무로 직무적합도를 더 넓혀가는 적성을 발견할 수 있었다. 또한 사람에 대한 높은 관심을 보여주는 이런 특징들은 타인의 성장을 돕고자 하는 나의 소명에도 큰 역할을 할 것이다.

이처럼 일에 대한 열정이 강하다면 부족한 부분을 더 보완하면 되고, 다른 일을 찾아보고자 한다면 나의 성격유형을 바탕으로 훨씬 더 적합한 분야를 알아볼 수도 있다. 궁극적으로는 내가 일생 동안 가장 하고 싶은 일의 방향을 찾는 데도 큰 도움이 된다.

성격유형은 그때그때 상황에 따라 달라지는 게 아니라, 거의 평생을 두고 변하지 않기 때문이다. 가능한 한 어린 시절의 경험을 떠올리며 내 마음을 솔직하게 표시한다면 평소 의식적으로 행동하던 것과는 다른 모습을 발견할 수 있다.

이런 기본 특성을 파악하고 나면 자신의 강점이 되는 분야에 집중하여 자신의 능력을 키워가는 발판을 마련할 수 있을 것이다.

방황하는 직장인을 위한 생애설계도

# 미래의 비전을
# 세우라

# 공헌하는 삶이어야
# 평생을 갈 수 있다

회사를 나오기 1년 전, 부서 내에서 매월 '칭찬합시다'라는 이벤트를 진행한 적이 있었다. 부서원들이 각자의 투표용지에 칭찬하고 싶은 사람과 그 이유를 적어 내면, 가장 많은 득표자가 상품을 받는 식의 조직문화 행사였다. 비록 나는 한 번도 선정되지 못했지만, 나를 칭찬하며 적어냈던 메모지를 보고 마음속으로 큰 감동을 받았다. 적힌 내용은 다음과 같았다.

> 사람을 포기하지 않고, 인내와 끈기로 조직원을 챙겨주세요. 저 또한 다른 사람에게 그러한 사람이 될 수 있도록 노력하겠습니다.

행사가 끝난 후 휴지통으로 갈 뻔한 이 메모지는 지금도 소중히 간직하고 있는데, 가끔씩 꺼내보면서 내 마음을 다시 바로잡는 등대가 되어주고 있다.

독립을 준비하면서 내 마음속에 자리한 소명은 '타인의 성장을 돕겠다'하는 것이었다. 그러한 소명에 이처럼 감사한 응답을 받은 것은 정말 가슴 뭉클한 일이었다. 게다가 나에게 받은 선한 영향을 다른 사람에게도 전해주겠다니 더욱 기뻤다. 한 사람의 변화로 끝나는 게 아니라, 또 다른 사람의 변화로 계속 불길이 연결되었으니까 말이다.

그 후 메모지의 주인에게는 특별히 내 소명을 더 열심히 실천했다. 상담과 코칭을 통해 자신을 탐색하고 성장하도록 동기부여에 힘썼다. 아마도 글을 쓴 당사자는 내가 그 메모지를 지금도 이렇게 소중히 간직하며 소명을 되새기고 있다는 것을 모를 것이다.

나는 IT시스템 개발자로 10년을 일하다가 교육업무로 전환했다. 오랫동안 해오던 일 대신 새로운 일을 배우는 것은 생각보다 쉽지 않았다. 사내의 교육업무 전문가들에게 모든 것을 물어보고, 스스로도 고민하면서 나름대로의 프로세스를 새로 만들어 나갔다.

내가 알려주거나 가르친 것은 모두 내가 직접 경험하거나 공부한 것들이었다. 강의도 자주 있었는데, 발표 자료는 반드시 내 손으로 만드는 게 원칙이었다. 교육담당자로서 직원들에게 교육을 시켰지만, 나 또한 교육을 받는 것에 노력을 아끼지 않았다. 팀에서 누군가 제일 먼저 해봐야 할 일이 생기면 늘 앞서서 지원했다.

처음에 혼자서 시작한 업무가 회사를 나올 무렵에는 후임자 세 명을 둔 업무가 되었다. 그들의 직속상사가 되다 보니, 내 업무 이외에도 '후배 양성'이라는 새 목표가 생겼다. 내 손으로 반나절이면 될 일도, 후배들에게는 하루나 이틀에 걸쳐 코치를 해주었다. 같은 내용을 몇 번이고 본인이 깨달을 때까지 알려주었다. 교육 기획을 할 때면 나도 적극적으로 아이디어를 내고, 그들의 아이디어가 떠오르도록 마중물 역할을 해주면서 기다렸다. 그리고 업무를 진행할 때마다 꼼꼼히 기록을 남겨 나중에 언제라도 내 결과를 참조하도록 했다. 단지 나만을 위한 일이었다면 업무에 그렇게 애정을 가질 수 있었을까 궁금하다.

교육업무를 배울 때, 타 부서의 교육담당 선배에게 들었던 말이 있다. "교육은 정성을 들인 만큼 결과가 나타난다"라는 말이었다. 교육과정을 준비할 때 사전에 어디까지 준비해야 하느냐 하는 내 물음에 해준 답이었다. 다시 말해 아무리 챙기고 챙겨도 끝이 없다는 얘기였다. 결국 준비할 항목들을 챙기면 챙길수록 교육을 받는 당사자는 더욱 많은 것을 받아가고 교육 만족도도 높다.

우리들의 어머니를 떠올려보자. 어머니는 혼자 식사를 할 때는 찬물에 밥을 말아 김치 보시기 하나 놓고 후루룩 드신다. 하지만 우리에게는 갖가지 반찬을 차려주며 한 숟갈이라도 더 먹이려 애를 쓰신다. 나는 그런 마음을 공헌이라고 생각한다.

'나를 위한 일'은 오래 지속하기 힘들다. 어느 정도 목표를 달성하면 스스로 '이 정도면 되었다' 만족하기 때문이다. 즉 자신의 만족을 위해서 더 이상 노력할 필요를 느끼지 않는다. 하지만 누구를 돕거나 공헌하겠다고 마음을 먹으면 달라진다. 앞에서 교육의 사례를 언급한 것처럼, 해주고 또 해주어도 모자란 것이 없을까 찾아보게 된다.

1인기업이 된 이후 강의를 개설해서 신청을 받아보면, 간혹 단 한 분만 신청하는 경우가 있다. 주변에서는 몇 명 이상 모집되지 않으면 폐강을 하라고 권하지만 내 생각은 다르다. 한 분이라도 내 강의를 통해 도움을 받는다면 그것으로도 의미가 있다고 생각한다.

공헌은 가능한 한 많은 사람에게 도움을 줄 수 있도록 지속성을 가져야 하기 때문에 한 번의 행위로 끝나는 게 아니라 삶 자체가 공헌하는 삶이 되어야 한다. 끊임없이 주변 사람들에게 선한 영향을 주어야 한다.

공헌하는 삶이 일방적으로 돕기만 하는 삶은 아니다. 공헌이란 상대방도 성장하고 나도 성장하는 것을 의미한다. 공헌을 통해 나도 무언가 배우고 도움을 받는 것이다. 내가 성장을 하면 더 쓸모 있는 도움을 더 많은 사람들에게 줄 수 있다. 공헌의 크기와 범위가 늘어나는 것이다. 그 모습을 보고 더 많은 사람이 공헌을 실천할 수도 있다.

수많은 조직과 직장인에게 혁신의 키워드를 전해준 경영의 구루 피터 드러커도 그의 책 《자기경영노트》에서 다음과 같이 말하고 있다.

> '내가 어떤 공헌을 할 수 있을까?'라고 스스로에게 질문하는 것은 지금까지 직무상 사용되지 않았던 잠재력을 계발하려는 것이다.
> 많은 경우, 뛰어난 성과라고 간주되었던 것들이 자신이 가진 잠재력의 극히 일부분만 발휘된 것에 지나지 않았음을, 그래서 더 많이 공헌할 수 있음을 발견하게 된다.

공헌에 대한 질문을 통해 스스로 공헌의 가능성을 더 넓혀가는 것이다.

나도 가끔씩 지금의 내 삶이 공헌하는 삶인가 의문이 들 때가 있다. 처음에 가졌던 마음이 지금도 변함이 없을까 궁금해진다. 그럴 때 나를 지탱해주는 것은 거창한 목표나 원대한 꿈이 아니다. 메모지에 쓰인 글귀와 같이 소소한 것처럼 보이는 '사람이 주는 믿음'이었다. 지금 내가 하고 있는 일에 누군가 감동을 받고, 뭔가 조금의 변화가 생긴 그 사람이 보여주는 믿음 말이다. 그 믿음을 본 뒤에 내가 하고 있는 일이 바로 가고 있음을 깨닫고, 계속 앞으로

나아가는 힘을 얻었다. 혹시 누군가의 믿음이나 감사를 받았다면, 그것을 공
헌의 나침반으로 삼는 건 어떨까?



● 자신을 위한 일보다 타인을 위한 일이 더욱 지속성을 갖는다.

● 공헌을 통해 상대방뿐만 아니라 자신도 성장해야 한다.

● 사람이 보여주는 믿음에서 공헌하는 삶에 대한 확신을 가질 수 있다.

# 직장 안 우물은 좁고,
# 직장 밖 세상은 넓다

내가 다녔던 회사는 서울에서 고속도로를 한 시간쯤 달려야 도착하는 경기도 용인지역에 있었다. 1990년대 중반 입사할 당시, 지리적으로 서울과 거리가 있다 보니 외부 세상과의 소통은 힘들었고, 내가 알고 있는 세상은 직장이 전부였다. 동료들과 나누는 얘기 또한 대부분 업무와 관련된 내용 아니면 가족들 얘기였다. 지금 와서 돌이켜보니 바깥세상을 잘 모르고 그렇게 살았어도 불편함은 거의 없었다.

내가 도움을 주어야 하는 고객은 대부분 직장 내의 다른 부서 직원이거나 동료들이었다. 도움을 주는 방식도 이미 정형화되어 있어서, 예전부터 해오던 방식에서 크게 벗어나지 않았다. 예를 들자면, 선배에게서 배운 업무를 그대로 익혀서 후배에게 알려주는 게 일종의 정해진 규칙이었다.

10년차에 시작한 교육업무를 계기로 나의 관심 영역은 크게 확대되었다. 그동안 내가 속했던 팀 동료들 외에 인사팀이나 전사 차원의 교육담당자와 교류하게 되었다. 또한 외부에서 열리는 교육 관련 세미나에 참석하면서 다른 회사의 교육담당자와 의견을 나눌 기회도 생겼다. 서서히 내 직장의 울타리가 확대되기 시작했다.

그런 교류를 통해 느낀 것은 직장 안에서 내가 알던 것들보다 직장 밖에서 알게 된 것들이 훨씬 많다는 점이었다. 회사마다 공통적으로 행하는 규칙이나 절차가 있는가 하면, 내가 전혀 생각하지 못한 아이디어를 적용해서 성과를 거두는 경우도 있었다.

이후 나의 교육업무에도 다양한 시도를 접목해보기 시작했다. 신입사원들에게 각 팀을 소개하던 차원을 벗어나, MBTI 성격유형분석을 통해 부서 배치에 참조하도록 했고, 딱딱한 직무소개 외에도 애플사의 제품 개발 역사를 추가해 공학도가 가져야 할 인문학의 관점도 알려주었다. 그런 과정에서 스토리텔링과 강의 능력을 올리기 위해 관련 콘텐츠를 공부하고 인터넷에서 다양한 사례와 자료를 열심히 조사했다. 꼭 일과 관련된 내용이 아니더라도 자신을 돌아볼 수 있거나 인생의 동기부여가 되는 내용들도 많이 소개했다.

직무교육에서 한 발 나아가 팀원 전체의 경력 개발 계획(Career Development Plan)을 수립하는 데까지 업무영역을 확대했다. 이를테면, 국가적으로 SW개발업무 표준이 있다는 것을 알고, 팀 내에서도 업무역량을 정의하고 그에 따른 교육과정 기획을 시도했다.

그렇게 외부의 지식을 업무에 도입하다 보니 새로운 일을 시도하는 게 늘어났고, 그 일을 추진하려면 다시 외부의 지식을 추가로 공부하는 순환이 일어났다. 이와 같이 주도적으로 일을 하다 보니 자연스럽게 내가 잘할 수 있는 강점 분야를 파악할 수 있었고, 그것을 바탕으로 나 자신의 미래 설계도를 만들기 시작했다.

내 미래를 구상하기 위해 직장 밖에서도 조언을 많이 구하고자 했다. 우선 상담심리학 공부를 위해 사이버대학에 편입했다. 2년간 공부를 마치니 곧바로 전문적인 상담심리사의 길을 가는 것보다 직장 내에서 임직원의 성장을 돕는 교육업무를 더 진행해보는 게 낫다고 결정했다. 그리고 인문학적 역량이 부족함을 느껴 인문학 글쓰기 모임에서 자기탐색을 포함한 글쓰기 과정을 거쳤다.

15년차를 지날 무렵에는 여행작가학교에서 여행과 사진, 글쓰기의 기본기를 배우기도 했다. 회사에서의 독립을 마음속에서 결정한 이후에는 책에 대한 관심이 사업으로도 가능할지 출판사 창업과 관련된 여러 교육과 세미나를 들어보기도 했다.

우리는 하루의 대부분을 직장에서 보낸다. 만나는 사람 대부분도 직장동료다. 영업이나 외근이 많은 경우가 아니라면 일터 바깥으로 나갈 일은 그리 많지 않다. 비록 모바일 환경을 통해 언제 어디서든 인터넷으로 바깥과 소통할 수 있게 됐지만, 소통하는 방식이 중요하다. 대부분의 사람들은 한 방향이다. 주로 수동적으로 보거나 듣는다. 단순히 정보를 확인하는 수준에서 머문다. 하지만 무언가 내가 하고 싶고 미래를 위해 도전해야 할 일이라면 양방향으로 적극 소통해야 한다. 궁금한 것을 물어보고, 나에게 맞는 옷인지 입어봐야 한다.

내 경험을 들자면 외부 세미나를 통해 출판업계의 상황과 필요한 경력을 확인한 후에, 1인 출판사의 꿈을 당분간 보류하기로 했다. 아직은 경험과 안목이 많이 부족함을 느꼈기 때문이다.

회사를 다닐 때에도 직장 밖 세상과의 교류 결과를 업무영역에 도입하고자 하면 사람들은 긍정적/부정적 두 가지 반응을 보였다. 상사의 결정이거나 팀원의 여론인 셈인데, 긍정적인 반응은 내가 제시한 시도가 참신하면서 창의적인 아이디어라는 것이었고, 부정적인 반응은 그런 시도가 우리 조직의 특성과 맞지 않다거나, 아직은 도입하기에 이르다는 것이었다. 긍정적인 결과는 내게 업무에 대한 열정을 불러왔지만, 부정적인 결과는 설득에 많은 노력이 필요할 저항처럼 느껴졌다.

구본형 선생의 저서 《익숙한 것과의 결별》에도 개혁에 저항하는 다섯 가지 얼굴이 등장한다. 그 얼굴들의 공통적인 특징은 원칙적으로 찬성하면서도 구체적인 방법에 있어서는 반대한다는 것이다. 내가 속한 조직의 입장에서 보면 변화가 필요하다는 것은 알겠는데, 새롭게 무언가를 익히거나 기존의 것을 바꿔야 하는 수고는 하지 않겠다는 의미다. 이를테면, 직장 내에서의 지식과 방법만으로도 충분히 살아왔기 때문에 바깥세상의 변화를 굳이 받아들이려 하지 않는 것이다. 그런 경우는 개인적인 측면에서도 계속 제자리에 머무를 수밖에 없다.

1인기업으로 독립한 이후, 시간적 여유가 생겨 박람회에 가끔씩 가곤 한다. 그런데, 직장시절과 관련된 IT분야 박람회를 참관했을 때 큰 충격을 받았다. 대부분 중소기업이 참여하여 자신들의 기술을 홍보했는데, 20년간 근무했던 내가 처음 접하는 내용들이 부지기수였다. 그동안 내가 얼마나 우물 안 개구리로 살아왔던가 뼈저리게 느꼈다.

지금은 SNS의 발달 덕분에 지리적 제약을 크게 받지 않는다. 시간적 여유가 없더라도 잠깐 짬을 내어 활발히 소통할 수 있는 여건도 마련되었다. 아직은 온라인보다 오프라인 모임이 더 끈끈한 유대관계를 갖기는 하지만, 예전에 비해 직장 밖의 세상과 교류가 활발해지고 있다.

모임이라고 하면 학교 동창들을 제외하고 동료와의 회식이 전부였던 시대는 이미 지나갔다. 이제는 그러한 교류를 바탕으로 나의 미래 모습을 찾아야 할 때다. 우선 지금 내가 하고 있는 일에 외부의 지식과 경험을 도입하고, 장기적으로는 내 미래 필살기로 키워야 한다. 나의 미래는 직장 안에만 존재하는 것이 아니다. 직장이라는 인큐베이터에서 언젠가 벗어나야 한다. 이제는 직장 밖 세상을 향해 적극적으로 관심을 가져야 할 때다.

⬇ **세줄요약**

- 직장 밖의 정보는 나에게 성장의 기회를 준다.
- 직접 내가 직장 밖 세상과 양방향 소통을 해야 한다.
- 직장 밖에서의 경험이 미래의 내 필살기 후보가 된다.

# 내가 일의 주인이 되는
# 천직을 찾아라

나는 임직원을 교육하고 그들의 성장을 돕는 일을 천직이라 여겼지만, 회사 내에서는 그 일을 계속할 수가 없었다. 대기업의 특성상 개인의 생산성을 최고의 가치로 여겼기 때문이다. 개인이 성장을 한다 해도 생산성과 관련되지 않으면 의미를 두기 어려웠다. 생산성이란 결국 일을 잘하는 것, 즉 업무 효율을 높이는 것이었다. 각종 기술자격이나 어학, 리더십으로 대표되는 자기계발 영역만 회사에서 인정을 받았다. 하지만 나는 개인의 성장을 돕고자 하는 나의 능력을 더 의미 있는 곳에 쓰고 싶었다. 그래서 보이지 않는 부름을 따라 회사를 나왔다.

사실 회사일을 천직으로 여기는 사람을 보기는 어려웠다. 급여가 높고, 복지조건이 좋고, 다른 사람들의 부러움을 사는 직장이긴 했지만 자신의 일이 정말 멋지고 소중하다고 여기는 사람은 별로 없었다.

내가 오랫동안 모셨던 팀장은 진심으로 팀과 회사를 위한 걱정을 많이 했다. 회사에서 임원들을 위한 차량유지비를 모두 실비로 지급했는데, 그분은 일부러 기름값이 가장 저렴한 주유소를 찾아갈 정도였다고 한다. 동료들과 그 일화를 나누면서 정말 회사일을 천직으로 여기신 게 아니었을까 생각했다.

나도 회사에서 '이 일이 천직이구나'라고 느꼈던 때가 있었다. 바로 강의를 할 때였다. 특히 신입사원들을 대상으로 하는 강의가 제일 재미있었다. 그들에게 직장인의 꿈을 심어줄 수 있었고, 진심을 담아 두 눈을 반짝거리며 듣고 있는 그들의 모습을 보면 아무리 힘든 날이라도 기운이 절로 솟았다. 강의를 하고 있는 내 모습을 포함하여, 내가 하고 있는 일을 자랑스럽게 들려주기도 하였다.

내가 강의를 진심으로 즐기고 천직으로 여긴다는 것을 알게 된 후, 나는 평생 강의를 하기로 마음먹었다. 직장에서뿐만 아니라 인생의 천직으로 삼은 것이다. 강의를 하자면 우선 공부를 해야 한다. 내가 그동안 잘 알고 있던 것이라도 계속 새로운 지식이 쏟아져 나온다. 오늘은 사실이라고 알고 있던 것이 내일은 거짓으로 바뀔 수도 있다. 끊임없이 자신의 분야를 공부하고 새롭게 해야 하는 것이 강사의 숙명이다. 강의를 천직으로 여기면 그러한 공부도 재미있다.

천직(天職)에 대해서 생각해본 적이 있는가? 국립국어원 표준사전에는 '타고난 직업이나 직분'으로 표기되어 있고, 영어로는 vocation이라 표기한다. 특이한 것은 영어 표현의 유래가 라틴어 vocare(부르다)에서 왔다는 점이다. 즉, 천직은 하늘로부터 부름을 받는 종교적 신성함에서 출발하였고, 동양 문화권에서도 그대로 한자어로 번역이 되었다.

하늘이 내려준 직업이 있다면 나에게 어떤 의미일까? 아마도 내 평생의 직업이 될 가능성이 크고, 보람과 큰 의미를 주는 행복한 일임에 틀림없다. 죽을 때까지 하고 싶은 일, 아마도 그 일이 천직이 되리라.

그러면 나는 과연 천직에 맞는 일을 하고 있는가? 혹시 주변 사람들 중에 자신의 일을 천직으로 여기고 살아가는 사람이 있는가? 통계를 보면 그렇게 많지는 않은 것 같다. 물론 누군가는 지금의 일을 천직으로 여길 것이다. 아래 뉴스를 보자.

'평생직업'의 시대라고 하지만, 직장인 10명 중 7명은 자신의 일이 평생직업이 아니라고 생각하는 것으로 나타났다. 온라인 취업포털 사람인이 직장인 1,069명을 대상으로 '현재 직업을 천직이라고 생각하는지 여부'를 조사한 결과, 70.1%가 '천직이라고 생각하지 않는다'라고 답했다. 그 이유로는 '평생 할 수 있는 일이 아니라서'(43%, 복수응답)를 첫 번째로 꼽았다. 계속해서 '원했던 일이 아니어서'(32.7%), '재미가 없어서'(26.6%), '적성에 맞지 않아서'(17.2%) 등의 이유를 들었다.

천직이 아니라고 생각하면서도 일을 하고 있는 이유로는 '돈을 벌기 위해서'(66.2%, 복수응답)라는 응답이 가장 많았다. 다음으로 '다른 직업을 구하기 어려워서'(44.5%), '원하는 일만 하면서 살 수 없어서'(26.4%), '어떤 일이 천직인지 몰라서'(22.6%), '좋아하지는 않지만 잘하는 일이라서'(14%) 등의 답변이 이어졌다.

- 세계일보 2016. 4. 12

결과적으로 70%의 직장인이 현재의 직업을 천직이 아니라고 여긴다. 천직이 아닌 가장 큰 이유는 평생직업이 아니기 때문이다. 언뜻 잘못 생각하면 지금 하고 있는 일의 의미를 생각하지 않고 평생 보장만 된다면 천직이라 생각할 수도 있는 것이다. 지금처럼 취직과 정년 보장이 어려운 상황에서 충분히 납득할 수 있는 일이다. 당장 자신과 식구들이 먹고살아야 할 문제가 가장 크기 때문이다.

그래서 다음 질문인 '천직이 아님에도 일을 하는' 가장 큰 이유로 돈을 벌기 위해서라는 답변이 많았다. 심지어 어떤 일이 천직인지 모른다는 답변도 꽤 많다. 결국 많은 사람들이 먹고사는 이유를 제외하고는 일이나 직업 자체에 큰 의미를 두지 않는 것이다. 하지만 천직은 평생에 걸쳐서 해야 하는 일인데, 죽을 때까지 내 천직이 무엇인지 모르고 산다면 너무 억울하지 않을까?

천직과 비슷한 정의를 조셉 캠벨의 《신화의 힘》이라는 책에서 찾을 수 있다. 이 책에서는 '천복(天福)'이라는 단어를 쓰고 있는데, 글자 그대로 하늘이 내려준 복이라는 뜻이다. 영어로는 Bliss, 산스크리트어로는 Ananda로 표시한다. 천복을 누리는 사람들에 대한 예시로 사제(성직자)와 샤먼(주술사)의 얘기가 나온다. 사제는 사회에서 부여받은 권한으로 주어진 의례를 수행하는 사람이다. 반면에 샤먼은 자신이 개인적으로 직접 경험한 신들을 섬기는 사람이다.

지금의 시대와 비교해보면, 나는 사제처럼 조직에서 주어진 일을 하고 있는가 아니면 샤먼처럼 직접 경험한 것들을 바탕으로 나의 일을 하고 있는가 돌아볼 수 있다.

천복과 관련된 캠벨의 생각을 조금 더 들어보자.

> 늘 보이지 않는 손이 나를 따라다닌다는 생각을 하기 때문에 나에게는 굳게 믿는 미신이 하나 있습니다. 지금도 내가 하는 생각은 이렇습니다. 천복

을 좇으면, 나는 창세 때부터 거기에서 나를 기다리던 길로 들어서게 됩니다. 내가 살아야 하는 삶은 내가 지금 살고 있는 삶입니다. 이걸 알고 있으면 어디에 가든지 자기 천복의 벌판에 사는 사람들을 만납니다. 그러면 그 사람들이 문을 열어줍니다. 그래서 나는 자신 있게 사람들에게 권합니다. 천복을 좇되 두려워하지 말라. 당신이 어디로 가는지 모르고 있어도 문은 열릴 것이다.

천직과 비슷한 단어로 소명(召命)이 있다. 이것도 '부름'을 의미한다. GOINSWRITER.COM을 운영하는 파워블로거 제프 고인스는 그의 저서 《일의 기술》(The Art of Work)에서 "소명은 내가 진정 바라는 삶을 인식하는 것"이라고 설명한다.

그러자면 늘 나의 삶이 들려주는 얘기에 귀를 기울여야 한다. 내가 하고 싶은 일이 무엇인지 모르는가? 아니면 내가 하고 싶은 일이 실패로 끝날까 봐 두려워하는 것인가? 상상 속에서만 머무르는 것은 언제 실현될지 모를 꿈일 뿐이다. 하지만 두려움은 부끄러운 게 아니다.

영웅은 그 두려움을 극복하고 절벽에서 소명을 향해 자신을 던졌기에 영웅이 된 것이다. 영화 '매트릭스'의 주인공이었던 '네오'를 기억하는가? 그는 모피어스 선장으로부터 두 개의 알약을 받아 들고 어떤 것을 선택할까 고민에 빠진다. 평범한 보통 사람으로 남을 것인가, 진실을 찾는 모험을 떠날 것인가? 누구든 영웅이 될 수 있지만, 또한 아무나 영웅이 될 수 없다. 모든 것은 나의 결심에 달려 있다. 소명은 어떤 종착지가 아니라, 그곳으로 가는 여정이다.

나는 그동안 공부했던 심리학과 에니어그램, 회사에서의 경험을 바탕으로 내 꿈을 찾으려는 직장인과 예비 직장인들을 돕고 있다. 하루하루가 매일 즐겁다. 천복을 좇는 천직을 찾은 셈이다. 아마 여러분들은 당장 천직을 좇아 다른 일을 하기는 어려울 것이다. 하지만 내가 하고 싶고, 원하는 일이 무엇일까 생각이라도 해보면 어떨까? 보이지 않는 손은 준비된 사람들에게만 나타나게 마련이다.



● 내가 천직으로 여기는 일을 떠올려보자.

● 내 일은 주어진 일인가, 하고 싶은 일인가 생각해보자.

● 천직을 찾아가는 여정을 떠나겠다는 다짐이 중요하다.

# 일에 의미를 부여하면
# 재미있게 할 수 있다

　회사로부터 독립한 지 몇 달 안 되어, 내가 몸담고 있는 함께성장인문학연구원 동료 강사들과 프로그램을 기획했다. 청소년들의 여름방학에 맞춰 각자의 재능을 모아 학습동기 부여를 위한 1일 캠프를 해보기로 한 것이다. 중학교 1~3학년 대상으로 7명 소수 맞춤형으로 기획했다. 인원이 많으면 아이들 한 명 한 명과 눈을 맞춰가며 진행하기가 어렵기 때문이었다.

　교육과정 기획에는 대략 한 달이 걸렸다. 첫 기획 미팅에서부터 모두들 의욕이 넘쳐났기에 다양하고 창의적인 아이디어가 많이 나왔다. 하지만 나는 회사에서 했던 것처럼 어떻게 하면 완벽한 프로그램을 만들까에 집중했다. 조금이라도 실현이 어려울 것 같으면 이의를 제기했고, 회사에서 업무를 하던 방식처럼 동료들을 대하며 미팅을 주도하려 했다. 업무성과처럼 신청자가 적을까 봐 걱정했고, 상사의 의견을 반영하기라도 하는 것처럼 학부모들의 의중을 먼저 생각했다. 그러다 보니 스트레스가 쌓여갔고 기획회의를 할 때마다 마음이 불편했다.

며칠 뒤 강의 분야를 나누어 각자 시연을 하고 피드백을 받던 날, 나는 내 시야가 얼마나 좁았는지를 깨달았다. 나는 에니어그램을 통한 '자신의 성격유형 탐색하기' 프로그램을 진행할 예정이었는데, 청소년 학습을 경험해본 동료가 내 강의를 이해하기 어렵다고 피드백을 해주었다. 머리를 망치로 얻어맞는 느낌이었다. 청소년들을 위한 프로그램인데 나는 학부모와 같은 어른의 눈높이로 교육을 준비했던 것이다.

그동안 나의 교육 기획 경험은 직장인 즉 성인 위주의 학습이었고, 굳이 내가 필요성을 강조하지 않아도 직무를 수행하기 위해 받아야 하는 교육이었다. 하지만 청소년을 대상으로 하는 교육은 달랐다. 이해하기 쉬운 용어를 써야 했고, 그들의 관심사와 흥미를 반영해야 했다.

잘해야겠다는 마음에서 배우겠다는 마음으로 바뀌니 교육프로그램을 바라보는 시각도 바뀌었다. 피드백을 적극 반영하여 강의 콘텐츠를 대부분 바꾸었다. 그들에게 친근한 대상을 고민하다가 뽀로로 캐릭터를 생각해냈고, 에니어그램 9가지 유형을 각각의 캐릭터로 설명하는 이야기를 만들어냈다. 교육 이틀 전 오전에는 동료들과 함께 최종 리허설을 해보며 프로그램을 점검하고, 오후에는 아이들에게 나눠줄 준비물과 선물을 쇼핑하러 다녔다.

교육에 대한 부담을 내려놓고 동료들과 함께 진행하니 서로 뜻도 잘 맞았고 준비하는 시간 자체도 즐거운 놀이와 같았다. 선물을 받고 즐거워할 아이들을 떠올리며, 하나라도 더 좋고 재미있는 선물을 골랐다.

하버드와 와튼스쿨에서 '일과 삶의 행복한 통합'을 연구한 조안 B. 시울라는 그의 책 《일의 발견》(The Working Life)에서 '의미 있는 일'을 다음과 같이 설명한다.



의미 있는 일이라면 여가와 마찬가지로 행복한 즐거움을 준다는 얘기이다.

교육 당일, 반가운 표정으로 학생들을 맞았지만 토요일 아침 일찍 나온 때문인지 유쾌하지 않은 표정이 역력했다. 예상했던 대로 대부분 부모님의 권유로 온 데다 낯선 친구들이라 마음을 쉽게 열지 않아서 우리들의 애를 태웠다. 말 한 마디에도 오해와 상처를 받을 수 있는 사춘기 나이인지라, 내가 평소 해왔던 강의의 몇 곱절 노력으로 신경을 썼다. 다행히 그 마음이 전해졌는지, 내 강의에 이어 토론 시간에도 적극 참여하는 모습을 보였다.

이후 동료들이 다음 프로그램을 진행하는 동안 나는 참여 학생의 학부형 세 분을 모시고 별도로 에니어그램 탐색 강의를 진행했다. 원래 공지된 프로그램은 아니었지만, 자녀를 보내주신 부모님들께 특별한 감사를 드리고자 내가 기획한 프로그램이었다. 부지런히 필기를 하는 모습뿐만 아니라, 강의 후 소감에서도 자신과 자녀를 이해하는 계기가 되어 크게 만족했다는 말씀을 들었다.

피터 드러커는 그의 책 《프로페셔널의 조건》(The Essential Drucker on Individuals)에서 공헌할 목표에 초점을 맞추라는 조언을 하고 있다. 이를테면 내가 조직의 성과와 결과에 큰 영향을 미칠 수 있는 공헌이 무엇인가라는 질문을 던지라고 다음과 같이 썼다.

> 공헌할 목표에 초점을 맞추게 되면 자신의 전문 분야와 기술 그리고 자신이 속해 있는 부서에 국한되어 있던 관심을 조직 전체의 성과에 대한 관심으로 넓힐 수 있다.

나도 내 강의 분야에만 신경을 썼다면 내게 주어진 두 시간 프로그램을 어떻게 구성할까 하는 것에만 집중했을 것이다. 하지만 학습동기 부여라는 목표뿐만 아니라 근본적으로 부모와 자녀가 서로를 더 이해할 수 있으면 좋겠다는 바람이 있었다. 그래서 참여 학생뿐만 아니라 부모의 자기탐색을 위한 별도의 에니어그램 탐색 강의를 준비했던 것이다. 물론 나의 역량을 충분히 발휘할 수 있는 영역이기 때문이기도 했다.

앞으로는 일을 추구하는 목표에 따라 전통적인 일의 개념도 변화할 것이다. 새로운 형태의 일자리가 생겨나는 현상을 설명해주는 다음 기사를 보자.

> 개인의 여가 시간과 재능, 자산을 효율적으로 활용해 새로운 부가가치를 창출하는 '긱 이코노미(Gig Economy)'가 뜬다. 이는 필요에 따라 인력을 공유하고 이합집산하는 '독립형 일자리 경제' '프리랜서 경제'를 의미한다. 긱(Gig)은 1920년대 미국 재즈 공연장 주변에서 즉석으로 연주자를 섭외해 공연하는 행위를 일컫는 데서 유래했다. 미국에선 '긱 이코노미'가 2015년

직업의 16%에서 2020년 43%까지 늘어날 것으로 예측된다. 모바일과 IT 기술 발달로 '긱 이코노미'는 생계 보조형 직업에서 지속 가능한 직업 세계로 변모한다.

- 매경이코노미 제1896호(2017. 02. 23.~02. 28.)

이처럼 일자리는 기존에 만들어진 것만을 찾는 게 아니라, 개인이 필요에 따라 새롭게 만들어 낼 수도 있는 것으로 바뀌고 있다. 왜냐하면 전통적으로 내려오는 직업체계나 가치와 다르게 개인별로 목표하는 바가 달라지고 있기 때문이다. 조직이 원하는 것만 충실히 하던 시대는 가고 창의적인 나의 생각도 필요한 시대가 왔다.

다른 한편으로는 조직도 목표를 달성함에 있어 보다 효율적인 방식을 추구할 수 있다. 조직 내부 인력을 양성하는 것보다 일정 기간 외부 인력을 활용하는 게 더 나을 수 있다. 결국 일의 본질이 무엇이고, 집중해야 할 부분을 어떻게 바라보느냐에 따라 예전에는 안 보이던 일의 영역이 생기기도 하는 것이다. 그러자면, 내가 지금 하고 있는 일은 왜 하는가, 그 일은 무슨 의미를 갖고 있는가 끊임없이 질문을 던져야 한다.

내가 하고 있는 일에 의미를 부여하게 되면 진행하는 과정과 결과에도 변화가 생긴다.

청소년을 위한 프로그램을 진행하는 동안 나는 교육과정 기획이라는 점에서는 예전 회사 업무와 비슷했지만 동료/아이들/학부형 등 다른 사람들과 함께하는 즐거운 경험이라고 생각하니 그렇게 재미있을 수가 없었다. 특히 무표정하던 학생들의 표정이 점점 활짝 피어가는 모습을 보니 그렇게 좋을 수가 없었다. 내가 고민하고 준비했던 시간들에 대한 보답이라는 생각이 들었고, 회사에서의 내 업무 경험이 큰 도움을 주었다고 생각하니 더욱 보람이 컸다. 참여한 학생들과 부모님뿐만 아니라, 과정을 기획하고 진행하면서 나 역시 성장할 수 있었던 기회였다. 이처럼 지금 자신이 하고 있는 일도 관점과 시각을 바꿔서 다른 의미를 부여한다면, 이전과는 전혀 다른 재미와 보람으로 일할 수 있을 것이다.

**세줄요약**

- 일의 목표를 어디에 두느냐에 따라 일의 형태도 변한다.
- 지금 이 일을 왜 하고 있는가 질문을 던져보자.
- 일에 의미를 부여하면 재미와 변화가 생긴다.

# 이제는 내 꿈을 위해
# 즐겁게 공부하라

나는 회사생활 20년 중 전반 10년 동안은 공부는 생각하지 않고 열심히 일만 했다. 요즘에야 회사를 다니면서도 대학원에 진학하여 부족한 공부를 하기도 하지만 당시에는 회사일을 열심히 배우는 게 공부였다. 회사는 반도체 업종이었지만 대학에서 컴퓨터공학을 전공했기에 입사 후에 전자공학과 물리학 기초 이론도 열심히 배웠다. 이 공부는 회사생활 후반 10년을 버티게 해준 자산이었지만, 회사를 나온 지금은 크게 도움이 되지 않는다.

그리고 후반 10년은 내가 하고 싶은 공부를 했다. 상담심리학, 에니어그램, 글쓰기, 여행작가 등 내가 의미 있고 재미있다 싶은 것에 도전했다. 하지만 아무리 재미있는 공부라도 혼자 하기엔 벅찬 경우가 많았다. 회사일에 순위가 밀렸고, 가족의 이해도 필요했다.

아내와 함께 부부상담을 받은 이후 나는 상담에 대한 관심이 부쩍 높아졌다. 그래서 심리학에 대한 공부를 하고 싶었는데, 어떻게 공부할지 그 방법이 고민이었다. 아예 회사를 그만두고 진로를 심리학으로 바꿔 학부에서부터 기초를 다시 밟아가는 방법도 생각했다. 마침 부부상담 이후 부모교육을 받고 있었는데, 교육을 담당한 선생님께 조언을 구하니 우선 사이버과정으로 공부를 해보라고 했다. 그 과정 이후에도 확신이 선다면 그때 본격적인 공부를 시작해도 늦지 않다는 충고였다. 그 조언에 따라 2년 정도 공부를 해보니, 꼭 심리상담 전문가가 아니라도 다양한 분야에서 상담심리학을 응용할 수 있음을 깨달았다.

회사를 나오기 2년 전 다녔던 여행작가학교에서도 비슷한 경험을 했다. 한국여행작가협회에서 주관하는 14주 과정이었는데, 매주 화요일 저녁 교육이 있었고 세 차례의 실습여행이 있었다. 부서 진급자 회식조차 불참하며 열심히 들었던 덕에 개근상을 받기도 했다.

이 교육도 여행작가가 되려고 시작했던 것은 아니었다. 여행을 할 때 관심을 가져야 할 것은 무엇이고, 그것을 어떻게 사진과 글로 표현하는지가 궁금했다. 내가 깨닫게 된 것은 정해진 정답이란 없으며, 작가의 개성에 따라 같은 풍경도 천차만별로 해석이 가능하다는 것이었다.

지금은 작고하신 신영복 선생의 저서 중에 《강의-나의 동양고전독법》이라는 책이 있다. 논어와 맹자를 비롯하여 제자백가 사상 중에서 굵직한 것들을 뽑아 선생께서 나름대로 주해를 붙여 강의하신 내용이다. 전공이 경제학이었던 그분이 서론에서 밝힌 동양고전 입문 계기가 남다르다.

> 내가 본격적으로 동양고전에 관심을 갖게 된 것은 아무래도 감옥에 들어간 이후입니다. 감옥에서는, 특히 독방에 앉아서는 모든 문제를 근본적인 지점

이렇게 본다면 공부는 목적보다 과정이 더 중요한 듯싶다. 왜냐하면 공부를 하는 과정에서 자기 자신을 포함하여 새로운 깨달음을 얻고 언제든 그 목표가 다시 수정될 수 있기 때문이다. 공부를 통해 기존의 공부를 또 뛰어넘는 것이다.

요즘 서점에 자주 가는 편인데, 전에는 온라인으로 주문을 하거나 전자책을 구매해서 바로 읽는 경우가 많았다. 그러다 내 책을 준비하는 예비작가로서 관련 분야의 여러 책들을 직접 보고 만지며 탐색 중이다. 온라인 서점에서도 목차를 확인하고 대략 내용을 파악할 수 있지만, 직접 책을 만져보고 내용을 살펴보는 게 훨씬 더 많은 도움이 된다.

목차는 그럴듯했지만 막상 내용이 빈약한 경우도 많고, 검색에서는 안 보였지만 의외로 서가에서 보물 같은 책을 발견하는 경우도 있다. 서점에서 그냥 무턱대고 돌아다니는 게 아니고 자기계발이나 퇴직 이후의 삶이라는 키워드에 우선 집중한다. 몇 개의 서가를 꼼꼼히 뒤져보는 재미가 쏠쏠한데, 자기계발 관련 책들이 정말 많다.

자기계발서가 많다는 것은 그만큼 사람들이 본인 성장에 관심이 많음을 보여준다. 쳇바퀴 같은 지금의 삶을 조금이라도 바꾸고, 내 꿈이 무엇인가 찾고 싶은 마음일 것이다. 책 이외에도 다양한 온라인 강좌나 오프라인 세미나를 듣는 경우도 많다. 하지만 내가 제목에서도 굳이 자기계발보다 '공부'라는 단어를 사용한 이유는 꾸준함에 있다. 공부는 조금씩이라도 매일 해야 하기 때문이다.

나는 매일 아침 출근하기 전에 약 5km 달리기를 한다. 공원 운동장을 몇 바퀴 달리는데, 억수로 퍼붓는 비가 아닌 가랑비 정도 내리는 날을 포함하여 휴일 상관없이 매일 달린다. 전날 과음을 했어도 달리면서 땀을 빼다 보면 숙취 해소에도 큰 도움이 된다. 이제 달리기는 나의 일상이 되었다.

사람들에게 공부라는 키워드는 어떻게 다가올까? 학창시절에 할 만큼 했으니 이젠 더 이상 할 필요가 없다는 사람도 있다. 반대로 직장에서 살아남으려면 오히려 더 열심히 해야 한다는 사람도 있다. 핵심은 어떤 것을 공부하느냐에 있다. 이것은 왜 공부하느냐와도 맞닿아 있다.

나는 공부가 재미있어야 한다고 생각한다. 그러자면 내가 공부하고 싶은 것을 해야 한다. 회사를 다닐 때 인문학 책읽기 동호회를 만들기도 했고, 부서 내에서 인문학 책을 구매해 읽는 이벤트를 만들기도 했지만 반응이 뜨겁지는 않았다. 당시에는 안타깝다는 생각이 들었지만, 지나고 보니 그것도 각자의 개성이었다. 회사일이 정말 재미있다면 모를까, 의무감으로 시작하는 공부는 오래가지 못한다. 인문학도 좋아하는 사람과 싫어하는 사람으로 나뉘는 것처럼 말이다.

꾸준한 공부를 위해서는 학교나 커뮤니티 등의 모임을 추천한다. 내 공부도 대부분 함께 공부한 동기들이 큰 힘이 되었다. 공부하는 모습을 서로 지켜보며 지지와 격려를 해줄 수도 있고, 중간에 그만두지 않고 끝까지 마칠 수 있는 원동력이 되기도 한다. 공식 과정 이후에도 나이를 떠나 훌륭한 친구들이 되었다. 물론 모여서 하는 공부보다 홀로 하는 공부를 더 좋아할 수도 있다. 그럼에도 온라인 카페나 SNS를 통해서라도 교류를 한다면 훨씬 깊이 있고 넓게 보는 공부가 될 것이다. 그래야 오랫동안 꾸준하게 공부를 지속할 수 있다. 고시공부가 힘들고 어려운 이유는 재미없는 공부를 혼자 하기에 그렇다. 내 꿈을 위해 시작하는 공부는 재미있고 즐겁게 했으면 한다.

많은 사람들이 노후와 불의의 사고에 대비해 연금과 보험을 준비한다. 혹은 재테크를 통해 여유 있는 삶을 살고자 한다. 하지만 내가 생각하는 최고의 투자는 공부다. 부와 명예는 언제고 사라질 수 있지만, 내가 공부한 것들은 그 누구도 가져갈 수 없는 자산이기 때문이다. 혹은 공부할 시간이 없어서, 마음에 여유가 없어서 나중에 하겠다는 핑계를 대기도 한다. 한 번 1~2주 동안 하루 종일 나의 일과를 기록해보자. TV 보는 시간, 술자리 횟수, 가족의 양해 등 자투리 시간을 모을 수 있을 것이다. 지금 내 공부는 재미있는가, 당장 시작함에 주저하는 것은 무엇인가 한번 돌이켜보자.

## ⬇ 세줄요약

- 공부는 목표가 아니라 과정에서 많은 것을 얻는다.
- 공부를 꾸준히 하자면, 재미있게 여럿이 함께하는 게 좋다.
- 공부는 최고의 투자이며, 누구도 가져갈 수 없다.

# 다양한 시나리오를 통해
# 목표를 설정하라

회사에서 교육업무를 10년간 진행하면서 다양한 경험을 해봤다. 실제로 내가 예측한 대로 교육생이 입과하여 정상적으로 교육을 마치는 경우는 드물었다. 우선 교육생이 100% 입과하는 경우가 손에 꼽을 정도였다. 본인이 바빠서 불참하거나, 갑자기 긴급한 상사의 지시를 수행하느라 불참하는 경우가 많았다. 불참 예상률을 고려해서 입과자를 더 받을 수도 없는 노릇이라, 빈 좌석만 안타깝게 바라볼 뿐이었다. 불참한 당사자뿐만 아니라 입과할 수 있었던 다른 사람의 교육기회까지 빼앗는 것이라 아쉬움이 더했다.

교육을 받는 사람의 문제는 그나마 낫다. 교육을 준비하는 입장에서 생기는 문제는 더 심각하다. 일단 문제가 생기면 입과한 사람들 대부분이 피해를 보기 때문이다. 가장 대표적인 사례는 강사가 펑크를 내는 경우다. 사외 강사는 철저한 프로의식을 가진 전문가여서 별 문제가 안 되지만, 사내 강사는 늘 잠재된 폭탄 같았다. 펑크 사유는 교육생과 크게 다르지 않았다. 갑자기 본인에게 긴급한 업무가 생겼거나, 깜박 잊고 있는 경우가 많았다.

강사에게 별 문제가 없으면 교육장 환경이 문제를 일으키기도 했다. 조금 전까지 멀쩡하던 빔 프로젝터가 동작을 안 하거나, 교육장 컴퓨터에서 오류가 발생하는 경우였다. 특히, 강사용 컴퓨터에서 문제가 생기면 모든 교육생이 손을 놓고 있어야 했기에 긴급한 대처가 필요했다.

이런 사례는 주로 교육담당자로서 경험한 것이지만, 내가 직접 강의를 진행할 때도 마찬가지였다. 강사가 펑크를 낸 경우에는 내가 임시 강사가 되어 진행하는 경우도 있었다. 그러자면 평소에도 강의 전에 미리 교육자료를 받아 내용을 파악해두어야 했다. 내 강의 콘텐츠는 말할 것도 없었다. 교육장 환경이 언제 문제를 일으킬지 몰랐기 때문에 최악의 경우를 대비해 칠판에 직접 판서를 해가며 강의를 할 수 있도록 완벽하게 공부를 해둬야 했다. 그렇게 다양한 강의를 소화하다 보니 내 콘텐츠가 점점 풍부해지고 넓어지는 효과가 있었다.

후배 교육담당자들도 이러한 대처 경험 사례가 늘어나다 보니, 매번 교육 과정을 준비할 때마다 예상 시나리오를 준비하게 되었다. 강사가 펑크를 내면 어떻게 하는지, 교육장 환경에서 문제가 발생하면 어떻게 하는지, 교육생의 불만이 발생할 경우에는 어떻게 처리할지 등등 문제의 발생 가능성을 모두 따져보았다.

하지만, 이런 시나리오에서 가장 중요한 것은 무엇 때문에, 왜 대처하느냐는 것이었다. 즉 우리가 왜 교육을 진행하고 있는가 하는 목적을 잊지 않는 것이었다. 우리가 다양한 시나리오를 준비했던 이유는 교육생이 교육을 잘 받게 하고자 하는 궁극의 목표 때문이었다.

그렇다면, 우리 인생의 목표를 위해서는 어떠한 시나리오가 필요할까?

평소 잘 알고 지내는 지인 한 분과 제2의 인생에 대한 얘기를 나눈 적이 있다. 잠깐 이분을 소개하자면, 40대 중반을 넘었고 그중 20년 이상을 대기업에서 임직원 교육과 관련된 업무를 해왔다. 중간에 잠깐 회사를 그만두고 프리랜서와 컨설팅을 했지만, 여의치 않아 다시 회사로 돌아와 계속 교육 관련 업무를 해왔다. 하지만 여전히 회사를 더 다닐 것인지, 다시 홀로서기를 할 것인지 고민이라고 했다.

고등학생 자녀를 두고 있어서 경제적 상황에 대한 두려움도 있다고 했다. 한 번 독립했던 경험이 있어서인지 다시 도전했을 때 성공할 수 있을지 자신감도 예전 같지 않다고 했다. 내가 지금은 회사를 나와 1인기업을 하고 있기에 그 어려움을 어떻게 해결했는지 궁금하다고 찾아온 것이다.

우선 다양한 시나리오를 통해 각각의 가능성을 살펴보자는 얘기로 대화를 시작했다. 이를테면 플랜 A와 B, C로 나눠 예상해보는 것이다. 예를 들어, 플랜 A는 회사에 남아서 나의 꿈을 계속 더 펼쳐볼 수는 없는가, 플랜 B는 회사에 남기는 하되 그 안에서 미래의 계획을 좀 더 구체화할 수 없을까, 플랜 C는 내년 봄에 나온다는 가정 하에 지금부터라도 계획을 구체화해보기, 이렇게 케이스별로 검토해보는 것이다.

물론 경제적 상황을 고려한다면 A나 B처럼 회사에 남는 방법을 선택해야 하겠지만, 회사의 사정으로 내년에 C와 같이 회사를 떠날 수도 있다. 눈 앞에 갈림길이 닥친 상황에서는 합리적인 판단을 하기가 힘들다. 가족과의 대화를 통해 미리 시나리오를 공유할 필요도 있다. 지진 대비 훈련과 같이 평소에 다양한 리스크를 검토해두면, 예상과 다른 상황이 오더라도 대처가 가능하다.

다음으로 우리가 가진 능력과 기술은 어떠한 것이 있을까 함께 살펴보았다. 이분은 배움에 대한 열정이 높아 회사를 다니며 대학원도 마쳤고, 교육업무를 기반으로 한 사내 강의 경험도 풍부했다.

자료에 대한 기획과 편집업무에도 능했고, 성격 유형 검사인 MBTI의 강사이기도 했다. 한 가지 재미있는 사실은 정작 본인의 성격 유형은 외향 감성형인데, 회사에서 다듬어진 것은 합리적인 사고형이어서 많은 사람들이 자신의 본래 모습과 전혀 다르게 이해한다고 했다. 오히려 감성과 사고가 합쳐져 더 큰 능력이 되지 않았나 싶다. 그래서인지, '창조적 사고력'처럼 영역이 통합되는 분야가 끌린다고 했다. 결국 회사에서 쌓은 경험이 큰 능력이 된 것이다.

내 성격이 내향인 것을 빼면, 감성형인데도 사고형 업무를 했다거나, 교육업무 이력과 같이 회사에서 경험한 과정들이 아주 비슷했다.

나도 비슷한 경험 자산을 가지고 회사를 나온 것이기에 가진 것이 적지 않다고 얘기해드렸다. 완벽한 준비를 갖추고 다음 인생을 시작하는 경우는 드물다. 누구나 미숙한 한 걸음에서부터 출발한다. 내 경우에도 개발자에서 교육담당자로 업무 전환을 하면서, 내 뜻과 상관없이 강의를 하는 경우가 많았다. 처음에는 힘들었지만, 계속 강의 내용을 연구하고 자료를 업데이트하면서 강의 능력이 늘었다. 실제로 발표나 강의를 잘 하는 것은 사회에 나와서도 큰 도움이 되었지만, 개인적으로 회사에서 얻은 가장 귀중한 경험은 노력하고 연습을 하면 원하는 능력을 얻을 수 있다는 사실이었다. 내향형이었던 내가 이렇듯 강사가 될 줄 누가 알았겠는가. 물론 나 자신도 이런 내 모습을 입사 초기에는 전혀 상상할 수 없었다.

할 수 있다는 믿음이 있다면 어떤 어려움도 헤쳐 나갈 수 있다. 무언가 할 수 있는 기회는 우연히 오는 것이 아니라, 자신에 대한 믿음을 가진 후에 찾아온다. 나도 사실 회사를 나왔을 때는 내 길에 도움이 된다면 무엇이건 하겠다는 자신감밖에 없었다. 20년간 다녔던 회사의 인맥에 비하면, 회사 밖 인맥은 사막이나 다름없었다. 막상 누구에게 무엇을 부탁해야 할지도 몰랐다. 그럼에도, 그 사막에 오아시스와 같은 분들이 있었고, 그분들의 도움으로 활동영역이 넓어졌다. 글쓰기 연구과정을 다시 시작했고, 1인기업가 모임에 참석했으며, 에니어그램 강의를 부탁하는 분들도 있었다.

마치 내가 나오길 기다렸다는 듯이 먼저 다가왔다. 물론 이전 글에서도 밝혔듯이 회사 다닐 때 외부 네트워크를 만든 것의 결실이지만, 그것을 기반으로 다른 오아시스를 계속해서 만나는 경험을 하고 있다. 중요한 것은 그런 기회가 왔을 때 주저하거나 물러서면 안 된다는 것이다. 그렇게 앞으로 나아가는 힘은 바로 나에 대한 믿음에서 생긴다.

마지막으로 그분께 드렸던 얘기는 '무엇을 하는가'보다 '누구를 도울 것인가'를 더 깊이 생각해보라는 것이었다. 내가 가진 것으로 무엇을 할 수 있을까라는 질문은 숲을 보지 못하고 나무를 보는 것과 같다. 즉, 누구를 위해 어떻게 공헌할 것인가에 따라 내가 가진 것을 살펴봐야 한다는 얘기다. 여기에서의 공헌은 나를 희생하는 무료봉사가 아니라, 금전적 수익보다는 일에 대한 가치를 높게 두라는 것이다. 내가 공헌하고자 하는 사명(使命)이나 천직(天職)이 있다면, 지금 내가 가진 능력이 넘치는지 부족한지 알 수 있다. 만약 그 일을 이루기 위해 어떤 능력이 더 필요하다면, 지금이라도 배움의 길을 또 시작하는 것이다. 공헌과 상관없이 그냥 재미있는 일이라면 취미로 계속하면 된다. 언젠가는 그 취미도 공헌에 기여할지 모른다.

나는 이 글의 주제처럼 '내 꿈을 찾는 직장인을 돕겠다'는 사명이 있다. 지난 20년간 직장생활을 해왔기에, 우선은 직장인이 첫 공헌 대상이다. 하지만 이 일을 계속하다 보면 언젠가 '꿈을 찾는 모든 사람들을 돕겠다'로 바뀔 수 있을 것이다. 그 꿈을 찾아주는 능력에 보탬이 되는 것이라면 무엇이

건 힘껏 배울 것이다. 그렇게 돕고 배우는 길이 나의 제2인생 목표이자 나 침반이다.

　실제로 삶은 어려운 역경과의 계속된 만남이다. 그 역경이 힘들다고 불평하거나 포기하는 것은 스스로 삶의 주도권을 포기하는 것이다. 그 어려움을 어떻게 헤쳐 나갈까 끊임없이 고민하는 것이 주인의 자세다. 지금 다른 일에 도전하고자 마음먹은 모든 직장인들이여, '공헌하는 삶을 향해 끊임없이 노력한다'는 자세가 내 삶의 가장 큰 자신감임을 잊지 말자.

## ⬇ 세줄요약

- 다양한 예상 시나리오를 만들고, 가족과 공유하자.
- 내가 가진 능력을 살펴보고, 믿음을 갖자.
- 공헌할 대상을 정해 끊임없이 노력하는 자신감을 갖자.

# 일보다 사람에
# 초점을 맞춰라

대한민국에서 군대를 다녀온 사람이라면 누구나 한 번쯤 축구를 해봤을 텐데, 경기 중 선임에게서 가장 많이 들었던 말은 "공을 보지 말고 사람을 보라" 하는 것이었다. 실제로 공은 순식간에 패스를 통해 사람과 사람 사이를 오갔기 때문에 쫓아다니는 것은 불가능했다. 따라서 1~2명만 전담하여 밀착 수비를 하는 게 전형적인 축구 경기 방법이었다.

회사를 다닐 때도 나는 업무나 일의 내용보다는 '고객'이 누구고, 그들이 원하는 것이 무엇인가를 먼저 생각하는 습관이 있었다. 교육과정을 기획할 때도 제일 먼저 생각할 것은 교육 대상이 누구인가였다. 그러자면, 고객이나 교육 대상이 정확히 어떤 사람들인지 파악하는 것이 제일 중요했다. 그들이 필요로 하는 것을 제공하는 것, 그것이 바로 나의 일이자 업무였다.

회사에서 당신의 '고객'이 누구냐고 물어보면 자신의 상사를 지목하는 사람들이 많았다. 내 경우에도 높은 임원이 다짜고짜 이러이러한 교육을 진행하라고 하는 경우가 가끔 있었다. 업무의 실적을 따지자면 그냥 그분의 말씀대로 교육과정을 만들어 진행하면 됐겠지만, 내게 있어 진정한 고객은 그 임원이 아니라 교육을 받는 사람들이었다. 정확히 그들이 궁금한 게 무엇이고, 어떤 내용을 습득해야 그들의 업무역량이 높아질지 파악하는 게 더 중요했다. 당초 지시받은 내용이 아니라 이렇게 나름대로 분석해서 기획안을 가지고 가면 오히려 더 높은 관심을 보여주고 격려를 받곤 했다.

한때 사내에서 강의 횟수 3위에 들 만큼 많은 강의를 했는데, 내가 기획해서 진행한 강의 외에 현장 부서나 다른 계열사의 요청을 받아 강의를 가는 경우도 있었다. 그럴 때 꼭 강의가 필요한 사람을 모으다 보면 몇 명 안 되는 적은 인원이 모이기도 했다. 그럴 때면 나를 초청한 담당자가 미안해서 어쩔 줄 모르곤 했는데, 나는 한 명이라도 상관없으니 필요하면 부담 없이 불러달라고 답을 했다.

업무의 효율을 보자면 일정 인원이 안 되면 강의를 안 하는 게 맞지만, 내가 강의를 하는 목적은 사람들에게 필요한 지식을 전달하는 것이기 때문에 모인 사람들의 숫자는 중요하지 않다고 생각했다.

회사에 출근했던 마지막 며칠도 오로지 후배들 염려뿐이었다. 퇴사 일자는 2월 마지막 날로 정해져 있었는데, 3월부터 본격적으로 진행해야 할 프로젝트들의 기획안을 계속 보완하는 중이었다. 마지막 주말을 모두 반납하면서 후배 담당자와 밤 12시가 다 되도록 아이디어를 정리했다. 퇴사를 하는 그날에도 사무실에서 일을 보다가, 퇴근 한 시간 전에야 모두에게 작별인사를 하고 사원증을 반납한 후 나왔다. 동료들은 몰랐던 사실 또 하나는, 내가 나왔던 달이 입사한 지 20주년 되는 달이어서 20년 근속휴가 20일(휴일 포함하면

한 달 가까이)을 사용할 수 있었음에도 고스란히 반납한 것이었다.

지금도 아내는 뭐 하러 그렇게 몸 바쳐 일했냐고 핀잔을 주지만, 동료 후배들을 생각하면 지금이라도 똑같이 할 것이다.

자신의 미래를 설계할 때 많은 사람들이 현재 자신이 가진 것을 제일 먼저 떠올린다. 오랫동안의 직장 경험일 수도 있고, 자신이 흥미롭게 관심을 가져온 취미나 연구 분야일 수도 있다. 이를테면, 낚시 마니아라면 낚시터를 갖는 게 꿈인 것처럼 말이다.

또한 자신이 직장에서 수십 년간 해온 일이라면 직장을 나와서도 고문이나 컨설팅을 하는 게 마음 편할 수도 있다. 단기적인 관점에서 본다면 그리 나쁘지 않은 선택이다. 자신이 좋아하거나 마음 편하게 할 수 있는 일이라면 개인적인 만족감도 높을 것이다.

하지만 인생을 살아감에 있어 즐거움이나 편안함이 전부일까 생각해볼 필요가 있다. 미국 심리학자 매슬로의 '인간욕구 5단계설'에서 최상위의 욕구가 '자아실현'인 것은, 사람이 살아가는 데 보람과 사명이 필요하다는 것을 보여준다.

무엇보다도 내가 '무슨 일을 하겠다'에 초점을 맞추는 것은 나의 시각과 관점을 좁게 만든다. 즉 그 일이 아니면 안 된다는 스스로의 덫에 갇힐 수 있다. 예를 들어 평소 커피를 마시기 위해 카페를 자주 찾고, 여유로운 카페의 풍경에 매혹되어 직장을 그만두고 카페를 하겠다는 사람이 있다고 치자.

의외로 카페는 하루 종일 서서 일해야 하는 중노동이고, 각양각색 사람들의 까다로운 주문을 늘 웃는 얼굴로 받아야 하며, 상권의 위치에 따라 매출의 차이가 크게 나는 업종이다. 프랜차이즈 가맹 비용은 또 다른 문제다.

그렇다면, 카페를 하겠다는 시각과는 다른 관점의 접근이 필요하다. 나는 사람과 얘기 나누는 것을 좋아하는가? 바쁜 영업시간 이외에 나만의 시간을 가질 수 있는 일이 필요한 것인가, 아니면, 정말로 커피를 좋아하는 마니아인가? 이런 다양한 물음에 대한 답변을 생각해봐야 한다.

뿐만 아니라 내가 하고 싶은 일의 미래도 예측해야 한다. 2015년 알파고 컴퓨터와 이세돌 기사의 바둑대결을 계기로 인공지능이 사람의 직업영역을 어디까지 대체할 것인가가 뜨거운 이슈로 떠올랐다. 즉 지금 내가 하고 싶은 일이 미래에는 컴퓨터가 대신할 수도 있다.

실제로 의료업계에서는 의사의 진단 대신 컴퓨터가 환자의 증상을 데이터로 입력받아 그에 맞는 처방을 내려주는 연구가 한창 진행되고 있다. 식당에서는 인건비를 줄이고자 입구에 메뉴 자동판매기를 들여놓는가 하면, 고속도로 톨게이트 또한 몇 년 내에 모두 자동화 측정 시스템으로 교체할 예정이라고 한다. 반면에 그렇게 자동화된 시스템에서 발생한 빅데이터를 분석하는 전문가나 프로그램 개발자는 수요가 늘어나는 추세다.

내가 하려는 일의 목적을 정확하게 파악해야 인공지능이 대체할 수 없는 일로 탐색 범위를 확장시킬 수 있다. 이를테면, 아무리 의료시스템이 자동화된다고 하더라도 자신이나 가족을 상담해주는 맞춤형 주치의를 사람들이 선호할 수도 있다.

그렇다면 이렇게 변화하는 일의 모습에서 어떻게 진정한 일을 찾을 수 있을까? 이를테면 일의 목적이나 본질을 어떻게 찾느냐는 것이다. 나는 그 열쇠가 사람에게 있다고 본다. 궁극적으로 우리가 하는 일은 누군가를 위한 것이다. 비록 그 일의 직접적인 대상이 동물이나 물건이라 할지라도 그에 대한 서비스를 요청하고 만족하는 것은 사람이다. 다시 말해, 내가 만족시켜야 하는 '사람'이 반드시 존재하는데, 나는 이 책의 후반부 생애설계도 작성단계에서 그들을 '고객'이라고 정의했다.

그러면 일의 목적이 보다 명쾌해진다. 바로 고객을 만족시키면 되기 때문이다. 한 발 더 나아가, 나는 단순히 돈을 받고 서비스를 제공하는 사람을 떠나 사명을 지녀야 하므로 '고객 만족'이라는 말 대신 '고객에 대한 공헌'이라는 표현으로 바꾸겠다.

공헌이라는 말의 의미는 누구를 돕는다는 것이다. 내가 받는 수익이나 수입은 고객이 '도와준 것에 대한 감사'의 표시로 내게 지불하는 것이다. 이것은 '어떤 일로 돈을 벌 것인가'와는 큰 차이가 있다. 고객보다 일이나 돈을 좇게 되면, 우선 고객과 대등한 위치에 있을 수 없다. 고객이 지불하는 돈을 받기 위해 고객을 상전으로 모셔야 하고, 고객이 잘못된 방법을 요청하더라도 그를 바른 길로 인도할 수 없다. 내가 생각하기에 고객에게 딱 맞는 방법이 있음에도, 고객이 요청하는 대로 따라야 한다.

하지만, 고객을 위해 공헌을 한다면, 고객의 만족과 성장을 도울 수 있고 그에 대한 정당한 수익도 뿌듯하게 받아들일 수 있다. 그것이 바로 내가 그 일에 부여한 가치관과 일맥상통하기 때문이다. 그렇게 되면, 고객과 나는 서로를 존중하는 대등한 위치에서 향후 새로운 비즈니스를 계획할 수도 있다.

최인호의 소설 《상도》에 보면 "장사는 이문을 남기는 것이 아니라 사람을 남기는 것이다"라는 얘기가 나온다. 만상 도방 홍득주가 임상옥에게 전하는 말인데, 장사라는 일의 본질을 꿰뚫고 있는 명쾌한 정의가 아닐 수 없다. 크게는 사회에 대한 환원이요, 작게는 개개인의 성장을 돕고자 하는 진정한 마음이다.

'일'을 이렇게 바라보아야 한 그루의 나무가 아니라 내가 원하는 숲의 모습을 볼 수 있을 것이다.

임상옥 또한 이런 말을 남겼다고 한다.

재물은 늘 나에게 있는 듯하지만 물처럼 흘러서 사라지게 마련이고, 사람은 지위와 재물에 따라 높고 낮음이 있는 것처럼 보이지만 그 모두를 벗어버리면 평형을 이루는 저울처럼 평등하다는 의미이다.

미래에 무엇을 할 것인가 상상하기란 쉽지 않다. 내가 재미있고, 내가 하고 싶은 것들이 먼저 생각나게 마련이다. 당연히 남은 생애를 위해서 그렇게 살아야 한다. 하지만 구체적인 대상이 누구인지 생각해보았으면 한다.

지금 나는 이 책을 읽게 될 독자 한 명 한 명을 생각하는 마음으로 글을 쓰고 있다. 미래에 내가 일하는 모습을 상상해볼 때, 그 일을 흐뭇하게 지켜보고 있을 한 사람을 떠올려보자. 그 고객이 내 미래의 동반자이다. 나 또한 이 책을 읽고 있을 그대에게 공헌하고자 하는 마음으로 글을 쓴다. 부디 내 글이 그대의 미래를 설계하는 데 조그만 도움이 되기를 빌면서.

## ⬇ 세줄요약

- 일에만 초점을 맞추면 가능한 일의 범위가 줄어들 수 있다.
- 누군가에게 공헌할 수 있는 서비스가 일의 본질이다.
- 구체적으로 공헌할 대상을 떠올려보라.

# 좋은 책을 골라야
# 나에게 스승이 된다

나는 초등학교 시절 책을 즐겨 읽었다. 당시에는 서점에 가서 책을 사는 게 아니라 동네마다 출판사 외판원이 돌아다니며 책을 팔았다. 어린이책에 대해 안목이 별로 없으셨던 부모님은 외판원의 충고에 따라 주로 전집류를 사주셨다.

백과사전 외에 기억에 남은 것은 4~5학년 무렵 읽었던 세계명작선집 50권 시리즈였다. 《소공자》《소공녀》《안데르센 동화집》《그림형제 동화집》《15소년 표류기》 같은 책들이었다. 밖에 나가서 노는 것보다 햇볕이 내리쬐는 마루 끝자락에서 뒹굴거리며 책을 읽는 게 더 좋았다. 조금 더 큰 뒤에는 어린이 문고판 120권 시리즈를 사주셨는데, 어른을 위한 책의 요약본과 같았다. 이를테면 《백경 모비딕》《노인과 바다》《몬테크리스토 백작》 같은 책이었다. 중학교 입학 기념으로 사준 문학전집 20권 시리즈를 끝으로 부모님은 더 이상 책을 사주지 않으셨다.

입시를 준비하며 멀리했던 책은 대학교에 입학하면서 다시 찾아와 나를 도서관에 파묻혀 지내게 했다. 당시에는 지금처럼 동네마다 도서관이 없었기에 마음껏 책을 골라볼 수 있다는 것은 정말 기쁜 일이었다. 그때는 가리지 않고 닥치는 대로 책을 읽었다.

군대를 다녀오고 전공서적에 집중하면서 독서량이 줄었는데, 내 청년 감성에 제일 맞았던 것은 헤르만 헤세였다. 이후 취직을 하면서 자기계발서와 IT 관련 위주로 편식을 하듯 책을 읽었다. 그나마 상담심리학 전공을 계기로 심리학과 철학, 회사 밖 인문학 글쓰기 모임을 계기로 인문고전을 선정해 읽었던 것이 변변치 못한 내 생각의 폭을 넓혀주는 양분이 되었다.

최근에는 IT기기의 발달 덕분에 이북(eBook)을 즐겨 읽는다. 종류가 다양한 데다 값도 저렴하고, 휴대폰과 컴퓨터를 오가며 손쉽게 읽을 수 있다는 장점이 있다. 하지만 장점이 오히려 해가 되기도 하는데, 책을 너무 많이 산다는 것이다. 종이책은 보관하는 공간 문제도 있고 책이 비싸다는 생각이 드는데, 이북은 그런 문제가 상대적으로 덜하다 보니 마구 사는 것이다. 덕분에 조그만 내 휴대폰에 벌써 2,400권의 책이 쌓여 있는데, 언제 다 읽을지 기약이 없기는 하지만 마음만은 부자다. 하지만 사기만 하고 안 읽는 것도 허영에 가까워서 최근에는 꼭 필요한 몇 권씩만 가끔 사고 있다.

책을 쌓아두기만 하고 열심히 읽지 않은 데 대한 반성으로 최근 책의 멋진 구절을 SNS에 공유하고 있다. 일주일 동안 7권의 책을 선정해서 요일마다 특정 책을 읽는다. 한 시간 내외로 읽은 후 인상 깊었던 멋진 문장을 찾아내고, 거기에 내 느낌을 몇 줄 추가해서 인스타그램과 페이스북에 공유한다. 가끔 댓글로 의견을 남겨주는 친구나 지인들도 있고, '좋아요'도 좋은 동기부여가 되고 있다. 나 스스로 매일 올리는 것을 원칙으로 삼았기 때문에 그 약속을 지키는 모습을 보이기 위해서라도 건너뛰는 날은 없다. 부지런히 읽으면 두 달에 7권을 읽을 수 있고, 1년이면 40권 남짓 된다. 물론 이외에도 제대로 시간을 내어 더 책을 읽어야 하겠지만, 짬짬이 읽는 책 치고는 괜찮은 분량이다.

책만큼 좋은 인생의 스승이 없다. 하지만 많은 사람들이 어린 시절부터 귀가 따갑도록 들었던 말이 책을 읽으라는 것이어서, 누구나 읽기 싫어도 억지로 봐야 했던 기억도 있을 듯싶다.

사람보다 책이 스승으로서 더 나은 점을 몇 가지 들어보면, 첫째 언제 어디서나 가르침을 받을 수 있다는 점이다. 물론 그 가르침이란 내가 책을 직접 읽는 것을 말한다. 출퇴근 시간도 좋고, 식사 후 휴식시간은 물론이요, 심지어 화장실에서조차 내 곁에 스승을 모셔올 수 있다. 지금 내게도 가르침을 주시는 스승(사람의 존재로서)이 계신데, 평소 각듯한 예우를 드리기 때문에 전화 한 통 드리기도 쉽지 않다. 반면에 책은 언제나 내가 마음먹고 펼치기만 하면 바로 공부의 장이 될 수 있다.

두 번째 장점은 여러 스승을 모실 수 있다는 것이다. 학교를 다닐 때의 선생님을 제외하고, 어른이 되어 사회로 나오게 되면 진정한 스승을 만나기가 쉽지 않다. 면접을 보듯이 스승을 찾아다니기도 어렵고, 이 스승을 잠깐 모셨다가 또 저 스승을 모시는 것도 예절과 모양새에 어긋난다. 그에 비해 책은 언제든지 그만 볼 수 있고, 한 번에 여러 권을 읽을 수도 있으며, 심지어 남들이 좋다 하는 책을 내가 바로 모실 수도 있다. 책들 간에 공통점이 없어도 되고, 심지어 의견이 서로 정반대인 책을 함께 읽을 수도 있다. 마음먹기에 따라서 몇 권의 책이라도 가능하니 실로 모실 수 있는 스승에 제한이 없다고 봐도 된다.

세 번째 장점은 시간과 공간을 뛰어넘어 스승을 발견할 수 있다는 점이다. 직접 얼굴을 마주하고 가르침을 받으려면 혹은 편지나 인터넷 등 연락 도구를 통한다 하더라도 사람으로서의 스승은 같은 시간을 살아야 가르침을 받을 수 있다. 그에 비해 책은 수천 년 전에 살았던 스승은 물론, 지구 반대편에서 전혀 다른 삶을 살았던 사람이라도 가르침을 받을 수 있다. 오래전에 살았던 사람들은 지금처럼 지식이 폭발적으로 확대되지 않았고, 현재와는 다른 기준과 가치관을 지녔을 수도 있지만, 오랜 세월에서 오는 경륜이나 창의적인 아이디어를 통해 나에게 새로운 가르침을 줄 수 있다. 과학이 발달한 요즘에도 수백, 수천 년 전의 인문고전이 여전히 널리 읽히고 있는 것은 시사하는 바가 크다.

미국의 링컨 대통령은 어렸을 때 책을 한 권 빌려왔다가 실수로 책이 비에 젖자 며칠 동안 그 대가로 책주인의 일을 대신해줬다는 얘기가 있고, 고 신영복 선생은 감옥 안에서 많은 책을 들여올 수가 없어서 분량이 제일 적은 동양고전을 읽었다는 일화가 있다. 만약, 다산 정약용이 유배를 가지 않았더라면 그 많은 책을 보면서 사상을 정리할 여유가 있었을까? 책을 귀하게 보았던 옛 분들에 비해 요즘은 가히 책의 홍수라고 할 만하다. 오프라인 서점은 하루에도 다 돌아보기가 벅찰 정도이고, 온라인 이북 서점 역시 고르기가 어렵다. 국민들의 독서량은 갈수록 줄어들고 있는데, 출간되는 책은 오히려 늘고 있으니 좋은 책이 시선을 받지 못하고 묻히는 경우도 많다.

직장을 다니는 동안에는 최신 트렌드, 시간관리, 목표 설정 등의 주제를 다룬 책들을 즐겨 보았는데, 최근 몇 년 동안 미래와 인생에 대한 통찰을 위한 고민을 깊게 하다 보니 마음의 영양소가 부실하다는 생각이 들었다. 그래서 다시 택한 책들이 고전이나 역사, 철학 서적이다. 저자도 현재 살아계신 분들보다는 세상을 떠난 뒤 후세에 영향을 끼치신 분들에게 더 눈길이 간다.

특히 책을 집필하면서 내가 하고자 하는 얘기들을 정리할 때면, 깊은 울림을 주었던 좋은 스승 같은 책들이 더 절실하게 필요해진다.

좋은 책이 스승이 되는 것은 틀림없으나, 모든 책이 스승이 되는 것은 아니다. 또 다른 사람에게 좋은 스승이었던 책이 나에게도 반드시 좋은 스승이 되란 법도 없다. 스승을 선택하는 것은 결국 독자의 몫이다. 좋은 책을 추천하는 비법은 없다. 될수록 다양한 책을 읽는 게 좋다. 높은 베스트셀러 외에도 인문고전이나 문학 등에도 시선을 돌려보기를 권한다.

한 가지 팁을 공유하자면, 청소년을 위한 필독서가 어른들에게도 큰 도움이 된다. 공부와 바쁘다는 핑계로 좋은 책들을 우리가 많이 건너뛰었기 때문이다. 이제는 우리의 공부를 스스로 선택할 수 있는 자유가 주어졌다. 좋은 스승님을 찾아 오늘도 책의 세계로 탐험을 떠나보자.

## ⬇ 세줄요약

- 독서는 언제 어디서나 시공간을 뛰어넘어 여러 스승을 모시는 것과 같다.
- 베스트셀러나 트렌드 중심의 책 이외에 고전, 문학, 역사에도 관심을 갖자.
- 모든 책이 스승은 아니다. 좋은 책을 보는 안목을 계속 키우자.

# 마음의 멘토에게
# 끊임없이 질문을 던져라

멘토(Mentor)라는 단어는 널리 알려져 있듯 《오디세이아》에서 처음 등장한다. 오디세우스의 친구 멘토르가 오디세우스의 아들 텔레마코스를 훌륭히 가르치고 이끌어준 일화에서 유래했다. 그래서인지 '스승'의 의미로 많이 쓰이고 있으나, 스승보다는 좀 더 친밀한 관계로 조언을 주는 사람을 지칭하는 데 사용한다.

회사에서의 경험을 예로 들자면, 젊은 직원들과 취업을 준비하는 대학생 또는 선배와 신입사원을 멘토링으로 연결해주는 경우가 많았다. 사회봉사활동 차원에서 대학생들에게 장학금을 지급하고 중고생들을 멘토링해주는 캠페인도 있었다. 내가 직접 멘토링이라는 표현을 쓰면서 해주거나 받은 경험은 없었지만, 후배나 신입을 대하며 내 경험을 조언해준 게 모두 멘토링이었다고 생각한다.

직접적인 멘토링은 아니어도 개인적으로 내가 멘토로서 존경하는 세 분이 있다. 이분들의 공통점은 모두 세상을 떠나셨다는 것이다.

최근 인터넷이나 각종 매체를 보면 유명인사임에도 불구하고 자신의 신념이나 가치관을 손바닥 뒤집듯 바꾸는 사람들이 많다. 특히 정치인의 경우에는 더욱 심한데, 나이가 들어가면서 젊은 시절의 주장과 전혀 다른 방향으로 의견을 펼치는 경우를 많이 보았다. 그래서 평생을 올곧게 한 길을 가신 분들이 존경스러웠다. 사실 누구든 삶을 마감할 때에야 제대로 평가를 받을 수 있다. 바꿔 말하면 지금 살아계신 분들은 언제든 말씀이 바뀔 가능성이 있는 셈이다. 쓸데없는 오해를 모든 분들께 안겨드리는 것 같지만 어쩔 수 없다.

첫 번째 멘토는 구본형 선생이다. 그분의 첫 책 《익숙한 것과의 결별》을 읽을 때부터 큰 감동을 받았다. 자신만의 성장을 위해 노력한 게 아니라 '변화경영연구소'를 통해 후진을 양성하고 함께 성장하는 모습을 보여준 것도 멋지다. 연구소 홈페이지에 걸려 있는 슬로건은 "우리는 어제보다 아름다워지려는 사람들을 돕습니다"이다. 그 가르침을 나도 따르고 싶어서 '자기설계연구소'를 설립했고, 슬로건도 "당신의 성장을 돕습니다"로 정했다. 내 마음속에 거인으로 자리하신 분이다. 뜻을 모두 펼치시기에 너무 이른 나이에 돌아가셔서 정말 안타깝다.

두 번째 멘토는 신영복 선생이다. 옥중에서 공부하신 동양고전을 정리한 《강의-나의 동양고전 독법》이라는 책을 읽고 그분의 우직한 공부에 반했다. 강의하신 동영상을 보면 참으로 부드럽고 인자한데, 글에서는 청년과 같은 시퍼런 절개를 보여주시는 게 참으로 존경스러웠다.

대부분의 책에서 접한 말씀은 긴 설명 없이 간략한 문장으로 나타나지만, 긴 여운을 남기는 함축적인 의미를 담고 있다. 자신의 뜻을 구구절절 말씀으로 하지 않고 겸손하게 그냥 행동으로 몸소 보여주신 모습이 좋았다.

세 번째 멘토는 피터 드러커다. (외국인에게는 왠지 '선생'을 붙이는 게 안 어울린다.)

나의 멘토는 모두 내게 깊은 인상을 준 책이 한 권씩 있는데, 피터 드러커의 경우《프로페셔널의 조건》이 바로 그 책이다. 지금으로부터 8년 전에도 이 책을 읽었는데, 당시에는 경영학자의 자기계발서 정도로 이해하고 반쯤 읽다 그만두었다. 최근에 다시 읽을 기회가 생겨 끝까지 읽어보게 되었는데, 예전에 읽을 때와는 전혀 달랐다. 이미 오래전에 지식근로자의 본질을 제시한 탁월한 선각자였다. 다시 말해 '직장인의 미래'와 '일의 가치를 어디에 두어야 하는가'에 대한 고민의 대답을 이 책에서 발견한 셈이다.

살아가다 보면 끊임없이 선택과 판단의 갈림길을 만난다. 뭘 먹을까라는 사소한 질문에서부터 앞으로 무슨 일을 하며 살아야 할까라는 거대한 질문까지 다양한 질문을 매일 만난다. 그 모든 질문에 답을 해야 하는 것은 오롯이 나의 몫이지만, 가끔은 누군가 이런 질문에 답을 해주었으면 하는 바람도 있다.

그래서 어떤 사람은 미래를 알려준다는 점쟁이를 찾기도 하고, 어떤 사람은 비즈니스와 관계된 컨설팅을 받기도 한다. 한자의 기원이 점을 치는 데 사용되었던 갑골문자에서 기원했다는 학설이나 서양에서 신탁이나 점성술이 오래전부터 발달했던 것을 보면, 미래에 대한 궁금증은 인간의 본능인지도 모르겠다. 하물며 현대의 과학조차 수학을 기반으로 일정한 공식에 따라 결과를 예측하지 않는가. 그래서 우리는 일식과 월식을 예측하고, 태평양 한가운데에서 발생한 지진이 언제 쓰나미로 우리에게 닥쳐올지 알 수 있게 되었다. 과학뿐만 아니라 선거에서도 사전 출구조사를 통해 후보의 당선을 예측하기도 한다.

그렇다면, 과학이나 사회적 차원이 아닌 개인적 차원에서 나의 미래는 어떻게 예측해야 할까? 미래를 예측해본 경험이 있는 사람들은 얼마나 될까?

사실 주변의 많은 사람들은 미래에 대한 예측보다는 현재 벌어지고 있는 일들에 더 관심을 둔다. 이를테면, 10년 뒤에 무엇을 할 것인가라는 고민보다는 당장 내일 상사에게 올려야 하는 보고서를 어떻게 작성할까를 더 중요하게 생각한다. 반면, 많은 책이나 위인들의 가르침을 살펴보면 지금 여기에 집중하라고 한다. 역설적으로 미래의 목표를 달성하자면 현재 무언가 한 발자국을 계속 옮기는 것처럼 적극적인 실천을 당부하기 위함이다. 다시 말해 미래의 방향을 설정하지 않고 현재만 바라보고 사는 것은 바다 위에서 나침반 없이 표류하는 배와 다름없다. 당장은 어디론가 계속 나아가는 듯 보여도, 그 자리를 맴돌거나 오히려 왔던 길을 거꾸로 가기도 한다. 그런 실수를 막으려면 꾸준하게 미래를 내다보는 다양한 연습을 해야 한다.

대부분의 직장인들은 직장 자체를 미래로 생각한다. 지금의 직장을 계속 다니는 한, 자신의 미래는 직장에 달려 있다고 보는 것이다.

나도 한때는 직장이 미래였던 적이 있었다. 주위에서 부러워하는 대기업을 다니다 보니 급여나 복리후생 측면에서 큰 걱정이 없었다. 연차가 쌓이면서 더 높은 직급으로 승진을 했고, 해당 직급에서 해야 할 일을 열심히 했다. 열심히 일하는 동안 나의 미래는 오직 직장에서 향후에 어떤 위치, 어떤 일을 하게 되느냐를 예상하는 것에 달려 있었다. 그 목표를 달성하기 위해서 오늘 주어지는 지시와 업무를 충실하게 수행하면 하루를 뿌듯하게 보냈다고 믿었다.

지금 돌이켜보면 나의 미래를 직장이 정해준 것이나 다름없었다. 비록 업무시간 동안 무엇인가를 계획하고 구체적인 실천방안을 만들었지만, 그것은 회사의 목표를 위한 것이었다. 그렇게 직장과 일심동체의 삶을 살다가, 더 이상 버티지 못하고 나가는 동료를 지켜보면서 직장과 자신을 분리해보니 큰 혼란에 빠졌다. 지금까지 내가 가야 할 길을 직장에서 정해주었는데, 내가 주도해서 미래를 설계하고자 하니 어디에서부터 시작할지 모르게 되었다.

변화경영전문가 고 구본형 선생은 이러한 상황을 '직장인의 죽음'이라고 표현했다.

> 직장인은 죽었다. 전통적인 의미의 직장인은 더 이상 존재하지 않는다. 지금 남아있는 것은 과거의 껍데기이며 유령이며 아직 사라지지 못한 잔영이다. 지금까지 우리는 조직이 '자신을 돌보아 줄 것'이라고 생각해왔다. 그러나 이제 그 조직이 우리로부터 일자리를 빼앗아가고 있다.
>
> -《그대, 스스로를 고용하라》중에서

요즘의 직장은 기존 체계를 답습하지 말고 전혀 생각지도 못한 새로운 것을 '창조'하라는 요청을 하고 있다. 일에 있어서도 더 이상 모범답안이 존재하지 않고, 나 자신의 창의적 답변을 요구한다. 하지만 완전한 무에서 유를 창조할 수는 없다. 그것은 신의 영역에 속하며, 인간은 기존에서 무언가를 가져와 새롭게 고침으로써 창조를 만들어낸다. 논어 '위정편'에 있는 "옛것을 잘 익히고 이를 미루어 새로운 것을 안다(溫故而知新)"는 말씀과 뉴턴의 명언 "내가 다른 사람보다 더 멀리 볼 수 있었던 것은 거인의 어깨 위에 서 있었기 때문이다"라는 말도 모두 같은 의미다.

옛 성현들이 역사에 대한 공부를 중요시했던 이유가 여기에 있다. 미래에 대한 예측의 실마리를 과거의 경험에서 찾았기 때문이다. 개인의 미래 또한 마찬가지로 예측의 실마리를 어디에선가 가져와야 한다. 가장 쉽게 해볼 수 있는 방법은 누군가의 삶을 벤치마킹하는 것이다. 이를테면, 초등학교 때 읽었던 위인전이나 소설을 통해 다른 사람의 삶을 경험해보는 것, 영화나 드라마를 보는 것도 모두 타인의 삶을 접하는 방법이었다. 내가 추천하는 한 가지 방법은 그중에서 내가 가장 닮고 싶은 사람을 멘토로 삼는 것이다.

나는 구본형·신영복·피터 드러커 같은 분들을 멘토로 삼았다. 이분들의 공통점은 끊임없이 세상을 연구하고, 타인의 성장에 도움을 주기 위해 노력했다는 점이다. 하지만 공교롭게도 모두 세상을 떠난 분들이라, 책과 글을 통해서 멘토링을 받아야 했다.

멘토링은 컨설팅과 달리 바로 해답이나 솔루션을 주지 않는다. 무언가 해답이나 깨달음을 얻기 위해서는 내가 먼저 질문을 던져야 한다. 예를 들어 '이런 선택의 기로에서 그분들은 어떤 결정을 내렸을까?' '그런 문제를 만났을 때, 그분들은 어떻게 풀어냈을까?' '어떤 일을 했을 때, 그분들은 보람을 느꼈을까?' 등의 질문을 계속 던져야 그분들의 경험을 들을 수 있다. 스스로 '자신'이라는 거울에 그분들의 삶을 비춰보지 않으면, 그냥 위대한 분들의 삶을 부러워하고 존경하는 데서 멈출 뿐이다.

대개의 경우 훌륭한 멘토라면 자신이 살아온 길을 멘티에게 권하지 않는다. 사람들은 각자 삶의 방식이 다르며, 반드시 어떤 삶이 정답이라고 말할 수 없기 때문이다. 다시 말해 멘토는 자신의 경험을 바탕으로 상대방에게 조언을 해주는 것이며, 그것을 어떻게 받아들일지는 멘티의 몫이다.

우리도 학창시절에는 멘토르와 같은 훌륭한 스승을 마음속에 모신 적이 있지만 성인이 되고 스스로 자신의 삶을 책임지게 되면서 스승을 마음에서 떠나보냈다. 이제 우리의 미래를 주도적으로 이끌어 나가기 위해 나침반이 되어줄 스승을 다시 모셔야 할 때다. 나와 뜻이 맞는 멘토를 선정해서 그분들의 삶을 한번 들여다보자. 그리고 궁금했던 질문을 멘토에게 던지고, 그

해답을 직접 그분들에게서 구해보자. 끊임없이 질문을 적어보고, 그 해답 또
한 적어가다 보면 어느새 훌륭한 멘토링을 통해 미래를 예측하는 자신을 발
견하게 될 것이다.



- 나의 미래는 누가 정해주거나 알려주는 게 아니라
  내가 선택하는 것이다.
- 미래 예측이 너무 막막하다면 멘토를 정해 그의 삶을 벤치마킹하라.
- 멘토와의 질문과 대답을 통해 나의 미래를 구체화하라.

# 유언장 쓰기로
# 삶의 우선순위를 확인하라

나는 회사를 다니면서 직장인 이후의 삶을 계속 준비해왔지만, 언제 회사로부터 독립할지 명확한 계획은 없었다. 결론적으로는 정확히 20년을 근무하고 나왔지만, 애초에 그 기간을 딱 채우려는 생각은 없었다. 직급이 오르면서 업무에 대한 스트레스가 좀 있었지만, 굳이 당장 회사를 나가야겠다는 마음을 먹지는 않았다. 그러던 중에 결정적인 사건을 통해 '회사 독립 프로젝트'를 시행하기로 마음을 먹게 되었다.

18번째 입사 기념일이 일주일쯤 지났을 때였다. 휴대폰으로 부고 알림 문자가 떴다. 입사할 때부터 함께 일해 왔던 팀의 모 부장 본인 상(喪) 소식이었다. 불과 몇 주 전까지 사무실에서 뵈었고, 간이 좀 안 좋다며 병원에서 치료 중이었는데 갑자기 폐렴이 악화되어 돌아가신 것이다. 부고 며칠 전 상황이 좀 안 좋다는 얘기를 전해 듣고 주말에 짬을 내서 문병을 갈 참이었다. 불치병이나 오래된 지병이었다면 마음의 준비라도 좀 했으련만, 교통사고처럼 황망하게 돌아가시다니 너무나 허무했다. 혹시나 하는 마음에 고인의 페이스북에 부고소식을 올렸더니 동창들이 그 소식을 보고 장례식에 왔고, 마지막 가는 길 보게 해줘서 고맙다는 인사를 하셨다.

본인을 포함하여 아무도 그 죽음을 예상하지 못했다. 그분이 앉던 자리와 컴퓨터도 그대로였고, 진행하시던 업무도 그대로 멈춘 상태여서 부랴부랴 인수 담당자를 선정하고 이메일 암호를 풀어 자료를 백업받았다.

황망하기는 가족들도 마찬가지였다. 아버지의 월급으로 온 가족이 살아왔을 텐데, 가장을 잃은 부인과 조카들은 얼마나 막막했을까.

장례식장은 발 디딜 틈 없이 붐볐다. 오래전에 회사를 그만둔 선배들도 모두 오셨다. 반가운 얼굴들이었지만, 한없이 무거운 표정으로 쓰디쓴 소주잔만 기울였다. 이구동성으로 오갔던 얘기는 이게 결코 남의 얘기가 아니라는 것이었다. 우리에게 언제든 닥칠 수 있는 일이라는 두려움을 모두 공감하고 있었다.

장례식을 치르고 이틀 뒤, 옆자리에서 함께 일하던 선배가 결근을 했다. 상황을 전해 들으니 전날 밤 공부를 마치고 오던 큰아들이 교통사고를 당해 중태라는 것이다. 결국 그날 저녁 회사 사람들은 또 한 번 장례식장에 가야 했다. 막 군대를 제대하고 복학을 위해 공부하고 돌아오던 아들을 잃은 선배의 초점 없던 눈을 지금도 잊을 수가 없다. 게다가 선배는 얼마 후 부인이 큰 수술을 받으며 또 한 번의 충격을 받았고, 아내를 돌보기 위해 결국 회사를 그만두었다. 훗날 몸과 마음을 추스르고 협력사에서 새롭게 일을 시작했지만, 상당 기간 동안 무척 힘들어했다.

입사 8년차에 맞은 아버지의 죽음, 다시 8년 뒤 20년지기 친구의 죽음, 그리고 2년 뒤 동료 선배와 또 다른 동료 가족의 죽음. 모두 죽음을 미리 준비하지 못했다. 언제나 우리의 바로 옆에는 삶과 죽음이 공존하고 있는데, 우리는 영원히 살 것처럼 살아간다.

입사 18년차에 겪은 두 번의 장례식에서 마음속의 얘기를 들었다.

"내일 죽더라도 내가 해보고 싶은 일을 한번 해보자."

물론 그때까지 독립 이후의 준비를 꾸준히 해온 덕에 스스로에 대한 믿음이 있었던 때문이기도 했다. 그렇게 나 스스로의 의지로 선택한 퇴직이었지만, 실제 시행되기까지는 2년의 시간이 더 걸렸다. 아직은 회사가 나를 좀 더 필요로 했기 때문이었다.

2016년에 개봉한 영화 가운데 《미 비포 유》(Me Before You)가 있다. 조조 모예스 작가의 동명소설을 영화화한 것인데, 불의의 교통사고로 팔다리가 마비된 남자 주인공 윌과, 그가 의도하는 안락사를 막으려는 꾸밈없고 발랄한 간병인 여자 주인공 루이자의 애틋한 이야기다.

엄청난 부를 가졌지만 건강의 자유를 갖지 못한 윌과 자신의 꿈을 포기하고 가족의 경제를 책임진 루이자가 각자 삶의 양극단에서 어떤 선택을 하는지를 재미있고도 감동적으로 보여주었다. 마지막에는 모두가 자신의 선택에 만족해하며, 해피엔딩 같지 않은 해피엔딩으로 끝났다.

보는 사람에 따라 다양한 해석이 있을 수 있겠지만, 인상 깊었던 것은 죽음을 앞두고 있던 윌이 그의 변호사를 통해 남겼던 유언장의 내용이었다. 물론, 그 유언장은 루이자 앞으로 남긴 것이었다.

영화의 마지막에 루이자는 파리의 카페에서 그녀 앞으로 전달된 윌의 마지막 편지를 읽는다. 윌은 자신의 엄청난 재산 중 일부를 그녀 앞으로 남겨놓았다. 하지만 평생 먹고살 만큼이 아니라, 그녀가 하고 싶은 공부를 끝낼 수 있을 만큼이었다.

루이자를 만나기 전의 윌은 죽고 싶다는 생각뿐, 삶에 대한 미련이 전혀 없었다. 하지만, 그녀를 만나면서 꿈이 하나 생긴다. 그녀의 꿈을 이룰 수 있도록 도와주는 것이다. 그래서 변호사를 통해 유언장과 다름없는 편지를 남긴다.

고층건물에서 뛰어내리거나 고래들하고 수영하라는 얘기는 아니에요. (당신이 그런다면 내심 좋아하겠지만.) 그게 아니라 대담무쌍하게 살아가라는 말이에요. 스스로를 밀어붙이면서. 안주하지 말아요. 그 줄무늬 타이츠를 당당하게 입고 다녀요.

월이 루이자의 꿈을 이루도록 도와주는 것은 여러 의미를 담고 있지만, 그중 하나는 자기가 이룰 수 없는 불가능한 꿈을 루이자가 대신 이루어주었으면 하는 소망도 있다. 그도 한때는 잘나가는 회사의 사장으로서 영원한 삶이 주어진 것처럼 살았지만, 마비 환자가 되고 나서 스스로 시한부의 삶을 선택했다.

많은 사람들이 잘나가던 월처럼 미래의 삶에 기한을 두지 않는다. 그저 막연하게 언젠가는 죽음이 찾아올 거라고 생각하지만, 당장 내일은 아닐 거라고 생각한다. 그래서 중요한 일보다는 긴급한 일을 먼저 처리하면서 살아간다. 중요한 일은 언젠가 할 수 있을 거라고 생각하기 때문이다. 내가 당장 1년 뒤, 한 달 뒤, 일주일 뒤나 내일 죽는다고 가정하면 중요한 일은 갑자기 긴급한 일로 바뀐다. 그렇게 바뀔 수 있는 중요한 일들을 우리는 '버킷리스트'라고 부르기도 한다.

버킷리스트는 중세시대 교수형을 시행할 때 발밑의 양동이를 걷어차는 'kick the bucket'에서 유래한 말로, 죽음을 앞두고 작성하는 소원 리스트를 말한다. 요즘에는 평생에 한 번 이루고 싶은 소원을 뜻하는 말로 쓰이는데,

이것을 유언장으로 바꿔보면 느낌이 달라진다. 이를 더욱 실감나게 느끼기 위해 관속에 누워보는 '입관체험'이라는 것도 있다.

건물이 무너지고 비행기가 추락하거나 여객선이 침몰하는 등 대형사고가 심심찮게 일어나는 오늘날, 우리는 언제 죽음을 맞이할지 모른다. 그런 긴장감 속에서 죽기 전에 제일 해보고 싶었던 것은 무엇이고, 내가 남겨줄 수 있는 것은 무엇인지 정리해보자. 혹은 이미 죽어서 영혼이 되었다고 상상하면서, 정말 해보고 싶었는데 못해서 안타까운 것들을 적어봐도 좋다.

이제는 영화의 고전이 된 《사랑과 영혼》(1990)을 기억해보라. 갑작스러운 죽음을 맞이한 남자 주인공 샘이 그의 아내 몰리에게 "사랑한다"라는 말 한마디를 하기 위해 얼마나 눈물겨운 노력을 하는가.

만약 죽음을 24시간 앞두었다고 가정해보자. 가족과 가까운 지인들에게 유언장을 남겨야 한다. 아마도 못다 한 일들이 많을 테니 후회로 가득 찬 반성이 대부분을 차지할 것이다. 평소에 가족들과 여행을 자주 가지 못했던 것, 부모님께 사랑한다는 말을 못 해본 것, 보고 싶었던 영화를 미뤄두었던 것, 입시와 취직으로 접어야 했던 젊은 날의 꿈들. 물론 뿌듯했던 일들도 있을 것이다. 가족들이 행복해했던 추억들, 누군가를 도와주었던 기억, 내 힘으로 성공시킨 프로젝트들.

좋았던 것들과 아쉬웠던 것들을 종이에 생각나는 대로 모두 적은 뒤에 천천히 다시 살펴보자. 지금 내가 보내고 있는 시간 중에서 이런 일들이 얼마나 차지하고 있는가? 심지어 24시간 이내에 딱 한 가지만 할 수 있다면 무엇을 골라야 할까? 그렇다면, 그 일을 나는 지금 당장 해야 하지 않을까?

너무 숨 가쁜 상상인 듯하니, 분위기를 약간 바꿔보자. 신께서 너무 인정 없다고 느끼셨는지, 1주일을 주기로 하셨다. 다행이다. 할 수 있는 게 조금 더 늘었다.

이제 내 삶에서 가장 먼저 할 일들이 정해졌는가? 그렇다고 당장 하루살이의 삶이 되라는 것은 아니다. 하루 만에 할 수 있는 일들이 있고, 1년에 걸쳐 해야 가능한 일도 있다. 당장 직장을 그만두거나 전 재산을 처분해야 하는 것도 아니다. 만약 그렇다면 나는 하루 앞의 미래밖에 내다보지 못하는 것이다. 핵심은 내가 하고 싶은 그 일을 위해서 지금 무엇을 하고 있느냐이다. 그 일을 하기 위한 시작과 출발을 했느냐는 것이다. 언젠가 시작하면 되겠지라는 생각이 중요한 일들을 계속 미루게 만든다.

당장 눈앞의 긴급한 일들에 매달리면서 미래의 설계조차 미루게 된다. 그러면 나는 긴급한 하루만 대응하는 삶을 살다가 갈 수밖에 없다. 비록 직장에서 긴급한 일을 계속 처리하더라도 그것이 나의 미래 경쟁력이 되고, 먼 훗날 새로운 도전에 도움이 되는 거름이 되어야 한다.

이제 유언장도 써봤고, 죽음까지 갔다가 다시 살아났다. 새로운 인생을 얻었으니 하고 싶은 일을 현재 진행형으로 바꿔보자. "나는 미래에 OOO를 달성하기 위해 OOO를 열심히 하고 있으니 지금 죽어도 여한이 없다"라고. 다행히 신께서 우리의 노력을 기특하게 보신다면 멋진 결과를 볼 것이고, 비록 목표를 이루지 못한다 하더라도 최선을 다했기에 후회가 없을 것이다. 나의 삶을 반성하는 유언장과 나의 삶을 다시 계획한 유언장을 꼭 써보기를 당부한다.

## 세줄요약

- 나의 죽음을 앞둔 순간을 상상해보자.
- 가족과 지인에게 보낼 유언장을 미리 써보자.
- 마지막으로 하고 싶은 일들의 버킷리스트를 만들어보자.

# 사명서에 쓰는 대로
# 나의 운명이 된다

회사를 다니면서 직장인 이후의 삶을 준비하겠다고 마음먹었을 때였다. 인터넷에서 우연히 경기도 이천시의 지명 유래를 보고 나서 동양고전《주역》(周易)의 한 괘인 '利涉大川(이섭대천)'을 인쇄하여 몇 년 동안 책상 앞에 붙여놓았다.

오가는 사람들이 모두 글귀의 뜻을 물어보았고, 특히 한자를 좋아하는 나이 지긋한 임원들이 높은 관심을 보였다. 고전에 나오는 문장답게 겉으로 드러나는 해석 외에도 속으로 깊은 뜻을 얼마든지 부여할 수 있어서 늘 이 글귀를 보며 결심을 다지곤 했다.

이천시청 홈페이지에 설명된 유래와 해석은 다음과 같다.

문헌에서 찾아보면, 고려 왕건이 후백제군과 일전을 벌이기 위하여 복하천(福河川)에 이르렀을 때 홍수(洪水)로 인해 내를 건널 수 없는 상황에서 서목(徐穆)이라는 사람이 인도하여 무사히 건널 수 있었다고 한다. 후에 왕건이 전쟁에서 승리한 것을 가상히 여겨 이섭대천(利涉大川)이라는 글귀에서 첫 글자 '利'와 끝 글자 '川'을 따와 '利川'이라는 명칭을 하사한 이래 오늘날까지 불리어오고 있다는 것이다.

《동국여지승람》'누정편') 어의적(語義的)으로는 "큰 내[大川]를 건너 이로웠다"는 것이다. 《주역》에 의하면 '利涉大川'이라는 글귀가 14번이나 나오는데 대체적으로 "학문과 덕을 쌓고 몸을 기르면 험난한 과정이라 할 수 있는 대천(大川)을 건너 큰 공(功)을 세울 수 있었으며 온 천하가 이롭게 된다"라는 것이다.

당시 나에게 '큰 내'는 회사생활이었다. 언젠가 그 내를 건너는 때, 즉 회사생활을 마치고 1인기업으로 독립하는 때가 오면 내 삶이 이롭게[利] 될 것이라 여겼다. 하지만, 사람들에게 그 얘기를 들려줄 수는 없었기에 "힘든 난관을 극복하면 좋은 때가 온다"라는 정도의 설명만 해주었다.

이제 1인기업이 되었으니 이 글귀는 목적을 달성했고, 새로운 슬로건 "당신의 성장을 돕습니다"라는 글귀가 내 삶을 대표하는 문장이 되었다. 내 명함을 비롯해 블로그와 SNS에 모두 올려두었는데, 반응이 그다지 나쁘지 않다.

내가 다녔던 회사도 일을 대하는 마음가짐을 담은 선언서 같은 문장을 갖고 있었다. 그것을 '반도체인의 신조(信條)'라고 불렀다. 회사 초창기였던 수십 년 전에 후발주자로서 선진업체를 따라잡기 위해 만든 것이라 한다. 내가 입사하기 전에는 아침 조회마다 외쳤다는데, 내가 다닐 당시에는 스티커로 제작해서 눈에 보이는 곳마다 붙여놓고 항상 접할 수 있도록 했다. 회사를 위한 내용일 뿐만 아니라 개인에게 적용해도 무리가 없을 듯하다.

전체 10개 항목은 다음과 같다.

1. 안 된다는 생각을 버려라.

2. 큰 목표를 가져라.

3. 일에 착수하면 물고 늘어져라.

4. 지나칠 정도로 정성을 다하라.

5. 이유를 찾기 전에 자신 속의 원인을 찾아라.

6. 겸손하고 친절하게 행동하라.

7. 서적을 읽고 자료를 뒤지고 기록을 남겨라.

8. 무엇이든 숫자로 파악하라.

9. 철저하게 습득하고 지시하고 확인하라.

10. 항상 생각하고 확인해서 신념을 가져라.

회사 단위의 신조 외에, 팀별로는 크레도(Credo)라는 것을 작성했다. 라틴어로 '나는 믿는다'라는 뜻인데, 보통 6~7개 내외로 팀에서 꼭 실천할 항목들을 적은 것이었다. 매년 팀장 및 부서장, 조직문화 담당자들이 모여 올해의 크레도를 만들고 공식 선포식을 가진 뒤 사무실 곳곳에 포스터 형식으로 부착했다. 예를 들면 'OOO을 통한 고객가치 극대화' '깨끗한 조직문화 만들기' 'OOO 체계 구축' 등의 신조 아래 '칭찬 릴레이 문화 정착' '학습 세미나 활성화' 'OOO 캠페인 운영' 같은 실천과제들이었다.

보이는 곳곳에 'OOO을 하자'라는 글귀가 있으니 약간 숨 막히는 느낌도 있었지만, 늘 머릿속에 담아두게 되니 일의 본질을 잊지 않고 방향과 목표를 정해 업무에 임하는 효과가 있었다.

"앞으로 뭘 하실 계획인가요?"

한 번쯤은 사람들이 이렇게 자신의 꿈을 물어본 경험이 있을 것이다. 어떻게 보면 무심코 지나가듯 던지는 질문인 것 같아도 대답하기에는 쉽지 않다. 아직은 잘 모르겠다거나, 지금도 생각하는 중이라고 얼버무리며 넘긴 사람들이 많을 것이다. 하지만 어떻게 대답을 하느냐에 따라서 질문을 했던 사람에게 나의 이미지가 새겨질 것이다.

예를 들어 질문을 던진 상대방이 나의 사업에 관심이 있는 투자자라고 해보자. 아니면 내가 하고자 하는 일에 중요한 정보를 알려줄 수 있거나, 사람을 소개해줄 수도 있다. 일생에 언제 다시 올지 모를 기회를 그냥 날려버릴 것인가? 나중에 좀 더 고민해보겠다고 미뤄둘 수도 있다. 하지만 엉성한 버전이라도 말하지 못하는 것보다는 낫다. 어쩌면 상대방이 더욱 좋은 내용으로 보완해줄지도 모른다.

자신의 꿈을 정리한 것을 통칭 '사명서'라고 한다. 영어로는 'Mission Statement'라고도 하는데, 우리가 직장에서 흔히 얘기하는 그 '미션'이다. 직장에서는 누구나 미션이 주어진다. 나는 조직의 구성원으로 미션을 수행하면 된다. 하지만 내 삶의 미션은 누군가 주는 게 아니라 나 스스로 만들어야 한다. 굳이 달리 표현하자면 신이 주신 임무나 소명으로 바꿔 부를 수도 있지만, 결국 그 목소리를 듣는 것도 나 자신뿐이다. 그래서 누군가 나의 사명을 묻는다면 대답을 할 수 있는 사람도 자신뿐이다.

꼭 누군가 물어서 답을 하는 상황이 아니더라도, 삶의 곳곳에서 스스로 결정을 내려야 할 순간이나 사명에 대한 답변이 필요할 때가 많다. 예를 들어 어떤 직책에 대한 제안을 받았을 경우에 나의 성장에 도움이 되는지, 누군가의 삶에 공헌을 하는지, 가족에 대한 배려와 경제적 여유를 고려해야 하는지 다양한 판단기준이 필요하다.

역사 인물 중에서 사명서의 대표적 사례로 꼽히는 인물이 미국 독립의 아버지라 불리는 벤저민 프랭클린이다. 그의 사명서 철학을 차용한 시스템 다이어리가 널리 보급될 정도다. 그는 스물두 살에 강압적인 견습생 생활에서 도망치던 중, 인생에서 가장 우선순위가 높은 일들이 무엇인가를 고민하며 사명서를 구상했다고 한다.

1)절제 2)침묵 3)질서 4)결단 5)절약 6)근면 7)성실 8)정의 9)중용 10)청결 11)평정 12)순결 13)겸손. 이상 13개의 덕목에 대한 실천 지침을 만들어 매주 1개씩 13주를 반복하며 각 덕목을 지키려 노력했다.

예를 들면 '근면'에 대한 지침은 다음과 같다.

> 시간을 헛되이 쓰지 않는다. 언제나 쓸모 있는 일에 시간을 보낸다. 불필요한 행동은 하지 않는다.

그럼에도 그는 노년의 회고록에서 '완벽의 경지'에는 다다르지 못했으나 최소한 더 부족한 사람이 되지는 않았다고 남겼다. 아마도 삶의 곳곳에서 덕목과 배치되는 유혹을 만났을 때마다 자신을 바로잡는 지침서가 되었음에 틀림없다.

인도의 독립을 위해 모든 것을 바친 간디의 사명서는 어땠을까?

> 매일 아침 일어나자마자 다음과 같이 결의할 수 있게 해주소서. 나는 지상의 어느 누구도 두려워하지 않을 것이다. 나는 오직 신만을 두려워할 것이다. 나는 누구에게도 악한 마음을 품지 않을 것이다. 나는 누가 뭐래도 불의에 굴복하지 않을 것이다. 나는 진실로 거짓을 정복할 것이다. 그리고 거짓에 항거하

■　기 위해 어떤 고통도 감내할 것이다.


그의 강철 같은 의지가 그대로 나타난다. 간디는 식민지를 지배한 영국의 온갖 회유와 압박에도 사명서를 지키기 위해 결코 물러서지 않았을 것이다.

이처럼 사명서는 개인에게 큰 용기를 주고 실천의지를 강하게 만들어준다. 사명서를 작성하는 데 정해진 양식이 있는 것은 아니다. 내가 인생을 살아가면서 무언가 우선순위를 정해야 하거나, 선택의 갈림길에 놓일 때 나를 인도해줄 가치관을 적으면 된다.

우선 내가 가장 소중하게 생각하는 키워드를 몇 가지 적어본다. 사랑도 좋고, 가족도 좋고, 평소 지니고 싶은 마음가짐도 좋다. 그게 정 어렵다면 검색을 통해 위대한 인물들의 사명서를 찾아보고, 마음에 드는 내용을 골라 재구성해도 좋다. 다른 사람의 사명서를 도용해서 안 된다는 법은 없으니까.

어떠한 형식을 따르건, 만들어진 사명서는 내가 지켜야 할 법이 된다. 비록 내가 만든 헌법이지만, 내가 지키고자 했을 때에만 의미를 갖는다. 사명서를 지키지 않는다고 뭐라 나무랄 사람은 없지만, 내 삶이 갈팡질팡 갈 길을 헤매게 된다.

나는 내가 외우기 쉽고, 타인에게도 설명하기 편하도록 짧게 한 줄로 만들었다.


■　내가 경험하고 배운 것을 글과 말로써 공헌하여 타인의 성장을 돕는다.


여기에서 내가 가장 중요하게 생각한 키워드는 '공헌'과 '성장'이다. 앞으로 무슨 일을 하게 되더라도 나는 끊임없이 시도해보고 새로운 지식과 지혜를 공부할 것이다. 그리고 그렇게 배운 것들을 나 혼자만 간직할 게 아니라 세상과 나눌 것이다. 나누는 방법은 책과 같은 글쓰기 또는 강연이나 코칭과 같은 말하기가 될 것이다. 그리고 이 모든 것의 궁극적인 목적은 타인이 나의 공헌을 통해 조금이라도 더 나은 사람이 되는 것이다.

부와 명예는 내가 추구하지 않더라도 자연스럽게 따라올 것이라 믿기에 사명서에는 넣을 필요가 없다. 이제 누군가 나에게 어떤 일을 제안해온다면, 나는 이 사명서의 기준에 따라 제안을 검토할 것이다.

사명서를 만들어봤다면, 가족을 비롯해 가까운 지인에게 먼저 보여주자. 누군가 무슨 일을 할 거냐고 묻거든 자신의 사명서를 보여주고, 그에 맞는 일을 할 거라고 얘기하면 된다. 그러면 상대방은 그 조건에 맞는 일과 상황을 떠올릴 것이고, 운이 좋다면 즉석에서 제안을 할 수도 있다. 혹시라도 남에게 얘기하기 부끄러운 사명서가 아닐까 위축될 필요가 없다. 오히려 사명서 없이 살아가는 사람들이 더 많은데, 나는 자신만의 사명서가 있지 않은가.

또한 한 번 작성한 사명서가 영원히 변치 말아야 한다는 규칙도 없다. 살면서 더 나은 가치를 발견하거나 내 목표가 더 커졌다면 다시 업데이트하면 된다. 하지만 기억할 것은 내 인생의 갈림길이 될 순간이 지금 당장이라도 나타날 수 있다는 것이다.

위대한 인물들의 사명서가 지금까지도 전해 내려오는 이유가 뭘까?

아마도 자신의 의지가 확고하다는 것을 보여주기 위해 다양한 방법으로 세상에 알렸기 때문일 것이다. 그리고 그렇게 알린 그대로 그들의 삶이 되었다. 프랭클린은 미국이 가장 존경하는 인물이 되었고, 간디 또한 인도가 자랑스러워하는 아버지가 되었다. 사명서에 적은 그대로 삶이 이루어진 셈이다.

우리들의 사명서 또한 마찬가지다. 우리가 바라는 삶을 그대로 적어놓았기 때문이다. 우리는 사명서에 쓴 대로 삶이 이루어지도록 끊임없이 노력하면 된다. 나의 운명은 내가 사명서에 어떻게 적느냐에 달려 있는 셈이다. 사명서를 누가 만들어줄 수 없고, 자신만이 만들 수 있는 이유가 바로 거기에 있다. 지금 잠깐 시간을 내어 한 줄이라도 나의 사명서를 만들어보자.

## 세 줄 요약

- 자신의 꿈을 정리한 것이 사명서다.
- 사명서는 선택의 갈림길에서 나를 안내하는 '지켜야 할 법'이다.
- 사명서에 쓴 대로 삶이 이루어지도록 노력하자.

# 세상에서 유일한
# 나만의 명함을 준비하자

　나는 신입사원 때 처음으로 명함을 받고 무척 감동했다. 대학교를 졸업하고 비로소 경제적 독립에 성공한 직장인이 되었다는 자부심이 있었다. 아마 모든 직장인들이 비슷한 마음이었을 것이다. 명함을 다 사용해서 새로 신청한 경우는 없고, 부서가 바뀌었거나 연락처가 바뀌었을 때 신청하곤 했다. 새로 명함을 받으면 기존 명함 3장을 추려 고문서를 수집하듯 차곡차곡 앨범에 정리했다. 그렇게 모은 명함이 15종 정도 된다. 매년 신청한 것은 아니지만 다른 동료들에 비하면 비교적 자주 바뀐 편인데, 그만큼 다양한 일과 부서를 경험했다는 생각이 든다.

　회사를 나오자마자 가장 허전하고 아쉬운 게 명함이었다. 회사를 다닐 때는 명함을 거의 사용하지 않는데, 1인기업이 되니 나를 쉽게 설명할 방법이 필요했다. 회사 밖으로 나와 보니 대한민국에서는 아직 명함의 효용이 크다.

회사를 나온 뒤 매달 1인기업가 포럼에 참석 중인데, 서로 인사를 주고받는 네트워킹 모임에서 명함은 필수다. 회사에서는 부서와 직급만 대면 무슨 일을 하는지 대략 알 수 있지만, 1인기업은 워낙 다양하고 새로운 일을 하는 사람들이 많아서 특색 있는 명함을 만들거나 자신의 핵심 분야를 정리해서 보여줄 필요가 있다.

부서와 직급만 있던 예전 명함과 달리 내가 할 수 있는 일을 명함에 넣으려고 하니 예전 경력을 모두 보여주고 싶은 마음이 앞섰다. 첫 명함은 내가 직접 디자인을 해서 명함업체에 보냈는데, 한 면이 빽빽하도록 온갖 자질구레한 경력을 모두 넣었다. 내 강의 분야까지 정리하니 20줄이 넘었다. 선거철 정치인 후보들이 돌리는 명함보다도 더 빡빡하게 되었다. 지금 와서 보면 내게 이런 경험이 있다는 자랑처럼 보여서 낯이 뜨거울 정도로 부끄럽다. 불과 지금으로부터 채 2년도 지나지 않은 명함인데도 그렇다.

요즘 새로 만드는 명함은 큼지막한 글씨로 딱 네 줄만 써넣었다. 첫 명함에 비하면 5분의 1로 줄어든 셈이다. 그동안 내 일의 본질에 가까운 핵심 영역을 계속 연구하고 찾아낸 결과라 할 수 있다.

명함의 내용 축소 외에 또 다른 변화는 예전 직장의 표시 여부다. 첫 명함에는 이전 회사의 직급과 담당 업무를 표기했다. 이전 회사의 프리미엄을 이용하라는 주변 지인들의 조언이 있기도 했지만, 그때까지는 전 직장에 대한 자부심이 있었다. 몸은 회사를 나왔지만 마음은 아직도 회사에 머물렀던 듯싶다. 어쩌면 그 회사와 뭔가 연결의 끈을 붙들고 싶었는지도 모른다.

그것조차 완전하게 독립을 한 계기는 올해 사업자등록을 하면서다. 1년 간 주변의 1인기업을 벤치마킹하면서 나에 대한 브랜드를 준비하고 '자기설계

연구소'라는 명칭을 등록하고 나서야 명함에서 예전 직장을 지웠다. 이제부터는 이전 직장이 아니라, 내 브랜드로 확실하게 승부를 해야 한다.

지금 명함을 갖고 있다면 한번 꺼내보자. 무엇이 쓰여 있는가? 만약 직장인이라면 직장을 상징하는 로고와 자신의 이름, 부서, 연락처 등이 적혀 있을 것이다. 뒷면에는 영문이 적혀 있을 수도 있고, 직장을 홍보하거나 상징하는 내용이 있을 수도 있다. 세상에서 유일한 명함을 준비하자고 했지만, 사실 모든 명함은 세상에서 유일하다. 이름과 연락처가 똑같은 명함이 존재할 리 없기 때문이다. 물론 명함을 100장 인쇄하면 똑같은 명함 100장이 존재하지만, 여기에서 유일하다는 의미는 비슷하거나 같은 형태의 명함이 아니라는 이야기다.

그렇다면 비슷한 명함이란 무엇인가? 이를테면 일반적인 직장인의 명함과 같은 형태다. 동료의 명함과 나의 명함을 비교해보라. 무엇이 다른가? 이름과 부서, 연락처는 다르지만 완전히 다른 명함이라고 볼 수 있을까?

직장인의 명함이 비슷한 이유는 조직을 구성하는 개개인의 특성을 반영하지 않기 때문이다. 상사의 명함에 있는 직책은 언젠가 나의 명함에 기록될 것이다. 후배의 명함에 기록된 직책은 한때 나의 명함에 기록되어 있던 것이다. 업무차 나와 만나는 상대방은 나를 보러 온 게 아니라, 내 명함에 적힌 직책의 주인공을 만나러 온 것이다. 만약 내가 아프거나 볼일이 있어 업무 미팅에 나갈 수 없다면, 명함에서 가장 유사한 직책에 있는 누군가 대신 나갈 수도 있다. 그러므로 내가 직장을 떠나는 순간 나의 명함은 더 이상 아무 의미가 없는 종잇조각이 되는 것이다. 그 명함은 내가 직장에 머무르면서 그 직책을 수행하는 동안만 유효하다.

그렇다면, 직장이 사라지면 나의 존재도 사라지는가? 결코 그렇지 않다. 직장인은 나의 여러 가지 모습 중 하나일 뿐이다. 이제 나의 다른 모습을 보여주는 명함을 상상해보자. 열정적인 취미를 갖고 있거나, 동호회 활동을 열심히 한다면 그것을 표현해도 좋다. 낚시꾼 명함은 어떤가? 보드 마니아, 기타리스트, 열정 독서가, 맛집 탐방가 등 얼마든지 자신만의 콘셉트를 만들어 낼 수 있을 것이다. 어쩌면 향후 이 명함이 직장인 명함보다 더 많이 쓰일 날이 올지도 모른다.

요즘에는 인터넷으로도 얼마든지 저렴하게 명함을 주문할 수 있다. 배송비를 포함해 만 원도 안 든다. 반드시 눈길을 확 끄는 멋진 디자인일 필요도 없다. 그냥 나를 설명하는 예쁜 문구 몇 개만으로도 충분하다.

구체적으로 명함에는 뭘 넣으면 좋을까? 나를 표현하는 어떤 것이라도 좋다. 이름을 반드시 실명으로 쓸 필요도 없다. 인터넷에서 사용하는 닉네임이나 친구들이 붙여준 별명이라도 상관없다. 직장에서는 반드시 내 휴대폰 연락처가 필요하지만, 나의 명함에는 이메일 주소나 SNS 주소를 써도 된다. 하지만 내가 누구이며 무엇에 관심을 갖고 있는지 나타나야 한다. 단순히 연락처를 알려주기 위한 명함이 아니라 자신을 홍보하고 상대방에게 기억에 남는 명함을 만들어보는 것이다.

나의 사명서를 축약해서 넣는 것도 괜찮다. '10년 뒤에 OOO하고 있는 사람'처럼 미래에 관심을 갖고 있는 분야를 표현해보거나, 'OOO 분야를 탐구 중인 연구원'처럼 내가 공부하고 있는 영역을 나타낼 수도 있다. 마지막으로 휴대폰을 찾아 잘 나온 셀카사진을 한 장 넣는다면 금상첨화다. 사진이 들어간 명함은 보는 사람으로 하여금 신뢰감을 주기 때문이다.

한 가지 팁을 더 얘기하자면, 가능한 한 직장과 관련된 내용이나 연락처는 넣지 않도록 한다. 직장이 포함되면 나의 이미지보다는 직장의 이미지가 더 부각될 수 있다. 군이 직장을 알리고 싶다면 직장의 명함을 사용하면 된다. 지금 만드는 명함은 직장의 구성원이 아니라 직장과 동등한 위치에서 전혀 다른 개인으로 존재하는 나 자신을 설명하는 명함이다. 연락하는 이메일도 회사가 아닌 개인의 이메일을 넣도록 하자. 그러면 직장을 다니고 있지만 직장에서 독립한 듯한 경험을 맛볼 수 있다.

또한 그 명함만으로 자신을 설명할 수 있어야 한다. 많은 사람들이 퇴직 후에 큰 상실감을 갖는 것은 직장을 대체할 만한 자신의 존재 이유를 못 찾았기 때문이다. 지금부터 그 탐색과 관련된 연습을 해두어야 한다. 그렇게 하면, 직장 또한 나의 또 다른 영역으로 받아들이고 객관적 시각으로 나의 업무를 바라볼 수 있게 된다. 수동적으로 해오던 회사일을 능동적인 자세로 대할 수 있다.

이제 나의 또 다른 본질을 알려주는 명함이 탄생했다. 업무와 관련되지 않은 모임이라면 새로운 명함을 사용해보자. 평소 나를 어렴풋이 알고 있던 사람이나 처음 보는 사람에게도 내가 누구인지 확실하게 설명해줄 수 있다. 직장 명함에 익숙한 사람들은 새로운 눈길로 나를 바라볼 것이다. 명함 자체가 나의 개성을 보여주는 아이템이기 때문이다. 뿐만 아니라 향후 내가 새로운 영역에 도전할 때, 이 명함을 기억하고 내게 연락을 주는 사람이 있을지도 모른다.

하지만 무엇보다 큰 이점은 나의 관심사를 함께 나누고 피드백을 받을 수 있다는 것이다. 내 명함을 받아 들고 나보다 더 해박한 지식으로 나에게 도움을 줄 수 있는 사람이 있을 수도 있고, 반대로 전혀 모르는 사람에게 설명을 하다 보면 내가 부족한 것과 자신 있는 영역을 스스로 평가할 수 있는 능력을 키울 수도 있다. 말이 아니라 명함 한 장을 건네는 것이 첫 대화를 훨씬 부드럽게 시작하도록 만들어준다.

나만의 명함을 준비한다는 것은 스스로 내가 누구인가를 깨닫는 작업이다. 게다가 세상에서 유일하다는 것은 나의 관심분야에서 독보적이고 차별화된 프로페셔널로 거듭나는 것을 말한다. 만약 나와 유사한 영역의 사람을 만나 서로 명함을 주고받았는데 내용이 거의 같다고 생각해 보자. 게다가 그런 사람이 한두 사람이 아니라면?

나는 그들과 차이 없이 비슷한 일을 하고 있는 사람에 지나지 않는다. 직장에서와 마찬가지로 내가 하는 일을 다른 사람도 할 수 있는 것이다. 미래에 차별화된 경쟁력을 확보하려면 그들의 명함과 나의 명함이 달라야 한다. 어디에서도 본 적이 없는 명함, 그 누구도 생각지 못했던 명함을 만들어야 한다.

지금 당장 그런 명함을 만들기는 쉽지 않다. 우선 나만의 명함을 세상에 태어나게 하라. 그리고 아이가 자라듯 명함을 교체할 때마다 새롭게 발견한 나를 추가하면 된다. 명함의 변천사가 내가 지나온 역사를 보여주게 될 것이다.

방황하는 직장인을 위한 생애설계도

# PART 4

# 생애설계도를 그려라

# 생애설계도란
# 무엇인가

내 꿈을 찾는다는 것은 내가 어떠한 사람이고, 무엇을 잘하는지 정확히 알고 난 후에 지금 이후의 인생설계도를 그리는 작업이다. 그 설계도는 지금의 직장에서 새로운 일이나 직책을 맡는 것일 수도 있고, 새로운 직업을 찾거나 만들어내는 것일 수도 있다. 설계도를 그리는 작업은 이 한 번으로 끝나는 게 아니라 내 인생의 마지막까지 계속되어야 한다.

이제부터 설명할 설계도를 '인생설계 매트릭스(Life Plan Matrix)'라고 부르겠다. 명칭에서처럼 이 설계도의 핵심은 네 개의 영역으로 각각 자신(I) - 고객(Customer) - 비용(Cost) - 수입(Income)을 의미한다.

그리는 방법은 아주 간단하다. 우선 종이 한 장을 준비한다. 좌우를 나누는 선과 상하로 나누는 선을 하나씩 그려서 네 개의 영역을 만든다. 왼쪽

위의 영역에 '자신'이라 쓰고, 바로 옆 오른쪽 위의 영역에는 '고객'이라 쓴다. 다음 왼쪽 아래 영역에 '비용'이라 쓰고, 오른쪽 아래 영역에 '수입'이라 쓴다. 우선 전체적인 설계도 개요를 살펴보고, 다음 장에서는 각 영역별로 더 자세히 풀어보도록 하겠다.

첫 번째 '자신'의 영역에는 내가 가진 모든 역량과 경험, 내게 도움이 될 수 있는 것들을 적는다. 지금까지 해온 자기탐색과 강점 찾기의 결과를 여기에서 활용한다. 성격유형을 통해 본 나의 기질을 적고, 학교에서의 전공, 직장에서의 직무 이력 등 나와 관련된 능력과 특성을 모두 적어본다. 그중에서도 특히 자신의 강점이라고 생각하는 것들, 주변 지인들이 칭찬했거나 인정해주었던 경험을 떠올려본다. 제2의 인생은 내가 좋아하고 잘하는 것들을 기반으로 설계해야 자신감이 생긴다. 여기에 더해 나의 인생 계획을 도와줄 사람이나 프로그램이 있다면 더 큰 힘이 될 것이다.

만약 1인기업이나 창업을 계획하고 있다면 혼자서 모든 것을 해낼 수는 없다. 내가 잘하는 것에 집중하고, 부족한 부분은 도움을 받는 게 현실적이다.

두 번째 '고객'의 영역에는 내가 도움을 줄 수 있는 사람, 조직, 대상 등을 적는다. 세상 모든 사람을 도울 수도 있겠지만, 앞 단계 '자신'의 영역에 적은 것들을 바탕으로 그 능력의 범위를 크게 벗어나지 않는 선에서 찾아보는 게 좋다. 또한 고객은 가능한 한 구체적일수록 좋다. 대표적 모델이 될 가상의 몇 사람을 상상해보는 것도 좋다.

30~40대 직장인을 대상으로 한다면 40세 남성으로 중견 IT기업에서 개발팀장을 맡고 있는 과장, 중학생 아들 딸을 둔 가장, 연봉은 대략 수천만 원, 부장 승진을 위해 자기계발에 관심이 높은 사람 등으로 캐릭터를 만들어보는 것이다.

다음에는 이런 고객에게 어떻게 처음 다가갈 것인가 또는 그런 고객들이 관심을 갖고 있는 커뮤니티나 네트워크는 어떤 게 있을까 적어본다. SNS 일 수도 있고, 책을 출간해서 저자로 만나거나 정기적인 오프라인 모임에 참여하는 등 여러 가지 방법이 있을 것이다.

세 번째 '비용'의 영역에는 '자신'과 '고객'의 영역을 구축하는 데 필요한 비용을 적는다. 우선 내가 갖고 있는 역량을 유지하고 업그레이드하기 위한 비용이 있을 것이다. 끊임없는 연구와 학습이 필요할 수도 있고, 나의 부족함을 채우기 위해 외부의 도움을 받는 데 드는 비용이 있을 수도 있다. 이를테면 관련 분야의 교육과 세미나에 참석하거나 자신의 본질에 집중하기 위해 세금 관리 대행 서비스를 받는 경우다. 또 자신뿐만 아니라 고객과의 커뮤니케이션을 위한 비용 등도 여기에 포함된다. 꼭 금전적인 비용이 아니라도 반드시 시행해야 할 시기, 목표를 달성하는 데 소요되는 시간 등을 함께 적어본다. 가족의 배려가 필요하거나 나의 개인 시간이 더 필요할 수도 있다.

네 번째 '수입'의 영역에는 자신의 능력을 고객에게 제공하고 받는 유형적인 수입과 무형적인 보람을 적어본다. 인생 계획은 장밋빛 꿈만으로 지속하기 힘들다. 가장이라면 가족의 생계와도 관련이 있고, 계속 이 계획을 유지하기 위한 비용도 들기 때문이다.

주로 '고객' 영역에 표시한 고객들이 수입에 해당하는 돈을 지불할 것이다. 그렇다면 그런 고객과 조직은 몇이나 되어야 할까? 한 달이나 1년 전체의 수입은 대략 얼마가 되어야 할까? 필요한 활동은 월 몇 회를 해야 하며, 내가 생각하는 물품과 서비스의 단위 가격은 얼마를 받아야 할까?

또한 내 계획의 원동력으로는 돈만 중요한 것은 아니다. 내가 이 일을 함으로써 갖는 사명감, 즐거움, 보람 등도 보이지 않는 수입이 될 수 있다. 가능한 한 후자의 무형적 수입에 더 관심을 가질수록 경제 상황에 휘둘리지 않고 내 꿈을 지속할 수 있을 것이다.

## [필자의 인생설계 매트릭스]

| [ 자신 ] | [ 고객 ] |
|---|---|
| ● 컴퓨터공학, 상담심리학 전공<br>● IT기업 개발자, 교육담당자 직무<br>● MBTI  INTJ 과학자형<br>● 에니어그램 9번 중재자형<br>● 직장인 대상 강의, 컨설팅<br>● 글쓰기/강의 역량 핵심<br>● 코칭 관련 자격, 역량 보완 | ● 30대 후반 직장인 : 고참 대리,<br>  유치원 자녀, 자기계발 관심<br>● 40대 초반 직장인 : 과장 직급,<br>  중학생 자녀, 제2인생 관심<br>● SNS, 도서 저술, 정기 프로그램 운영<br>● 온라인 카페, 홈페이지 개설 회원 관리 |
| [ 비용 ] | [ 수입 ] |
| ● 연구비용(000원) : 도서/자료 구입,<br>  교육/세미나 참석<br>● 유지비용(000원) : 사무실 임대료,<br>  교통비, 식비, 접대비<br>● 가족들의 동의, 비정기 수입 Risk | ● 강의료(000원): 매월 00회×00원<br>● 상담/컨설팅(000원) : 매월 00회×00원<br>● 타인을 돕는 사명감, 보람<br>● 다양한 사람들과의 네트워크 자산<br>● 조직의 구속을 벗어난 자유로움 |

　우선 아무런 제약을 생각하지 말고, 네 개의 영역을 한 번 적어본다. 처음에는 각 영역이 서로 불균형을 이룰 수도 있다. 내가 돕고 싶은 고객들이 있지만 지금 그들을 도울 역량이 부족할 수도 있다. 그렇다면 '자신'의 영역에 별도의 표시를 하고 보완할 부분을 적으면 된다. 처음에는 '자신' 영역의 내가 가진 것만으로 그리기 시작했지만, 설계도를 그려감에 따라 나 자신도 변화할 수 있기 때문이다. 또 나의 역량을 보완하자면 비용이 더 늘어날 수도 있고, 반면에 고객이 더 넓어짐에 따라 수입이 늘어날 수도 있다. 이렇듯 인생계획 매트릭스는 계속 업데이트를 거칠수록 가능성을 넓히고, 구체화할 수 있다.

　전체적으로 보면 나 '자신'은 주로 아래의 '비용'과 연결되고, 기여 대상인 '고객'도 아래의 '수입'과 연결된다. 위의 두 영역은 사람이나 조직 측면이고, 아래 두 영역은 돈이나 가치 측면이다. 한번 그려보면 알겠지만, 단 한 번에 완성되는 설계도는 없다. 끊임없이 부족한 부분을 보완하고, 안정성을 높이고, 불필요한 부분을 없애는 작업이 필요하다. 설계도가 꼼꼼할수록 실제 건물은 보다 안전하고 튼튼하게 지을 수 있다. 그리고 가장 중요한 점은 바로 내가 내 인생이라는 건물의 주인이라는 것이다. 누군가 설계를 도와줄 수는 있지만, 결국 설계도를 완성해야 하는 사람은 바로 자신이다. 다음 글에서는 나의 경험을 바탕으로 '자신'의 영역부터 네 개의 영역을 구체적으로 살펴보도록 하겠다.

## ⬇ 세줄요약

- 네 개의 영역으로 구분된 인생설계 매트릭스를 그려보자.
- 설계도는 계속 업데이트를 해야 한다.
- 설계도를 그리는 주인공은 바로 자신이다.

# 자신의 영역 – 내가 지닌 모든 역량 자산

내 인생의 설계도라 할 수 있는 '인생설계 매트릭스'의 자신/고객/비용/수입 네 개 영역을 전체적으로 살펴보았고, 이제 각각의 영역을 하나씩 자세히 살펴보도록 하겠다.

첫 번째 영역은 '자신'의 영역이다. 지금 가지고 있는 유형·무형의 모든 자산을 의미한다. 앞으로의 인생을 설계함에 있어 가장 기본적인 것들이다. 나 자신에 관한 모든 것을 모으는 작업이어서 무엇부터 살펴봐야 할지 막막할 수 있다. 우선 몇 가지 분류 기준을 예로 들겠지만, 자신이 생각하는 기준을 더 추가할 수도 있다. 삶이란 정확한 모범답안이 있을 수 없으며, 나에게 좋아 보이는 것이 다른 사람에게도 꼭 좋으란 법은 없기 때문이다.

가장 먼저 자신의 성격유형을 살펴볼 수 있다.

나는 외향적인가, 내향적인가? 사람들과 어떻게 관계를 맺는가? 큰 그림을 그리는 게 편한가, 세부적인 것들을 묘사하는 게 편한가?

인터넷에서 '성격유형'을 검색해 직접 검사해볼 수도 있고, 지자체 기관이나 도서관 등에서 진행하는 관련 프로그램을 활용할 수도 있다. 수많은 질문들에 대한 답을 찾아봄으로써 나 자신의 객관적인 성향을 알 수 있다. 대표적으로 MBTI, 에니어그램, DiSC, 도형 검사 등이 널리 알려져 있다. 대개 정해진 질문 유형에 대한 답을 통해 분석 결과가 나오는데, 자신도 잘 모르고 있던 성격을 알 수 있는 기회다.

내 경우를 보자면, MBTI는 INTJ 유형으로 내향적이면서 감각/감정보다는 직관/사고를 우선하고, 자신의 판단 의지가 강하다. 냉철하면서도 자신의 주관이 뚜렷한 삶의 태도가 카운슬링과 코칭에 강점을 갖는 유형이라 할 수 있다. 에니어그램은 9번 유형으로 조화와 평화를 추구하는 조정자 스타일이다. 상담 부문에서 능력을 발휘한다. DiSC는 안정형(Steadiness)으로 타인과의 협력에 강점이 있다. 도형 검사는 동그라미의 열정과 네모의 꼼꼼함이 잘 융합되어 있는 유형이다.

다음으로 자신의 강점을 확인한다. 위에서 본 것처럼 성격 유형에서도 몇 가지 강점을 찾아낼 수 있고 지나온 삶의 이력에서도 찾을 수 있다. 특히 직장인이라면 자신의 직무이력을 한번 정리해볼 것을 권한다. 대개 오랜 시간 동안 해온 일들은 자신의 적성과 상관없이 숙련된 기술로 이미 자리를 잡았을 것이다. 직무 외에도 동호회나 취미활동, 가족행사 등에서 주변 사람들의 칭찬과 부러움을 샀던 경험이 있는지 떠올려보는 것도 좋다. 남다른 손재주, 리더십, 친화력 등 타인의 눈을 통해 검증된 나만의 강점이 있을 것이다.

나는 내향적인 성격임에도 10년 가까이 직무 교육과 사내 강사 등을 맡다 보니 강의에 자신감을 갖게 되었다. 교육업무 이전에는 10년간 컴퓨터 프로그래머 업무를 수행했기 때문에 논리적인 사고와 분석 측면에서도 강점을 보유하고 있다. 특히 글쓰기와 강의에서도 이러한 강점의 도움을 많이 받고 있다. 내가 꾸준히 노력을 더 한다면, 글쓰기도 향후 커다란 강점으로 기능할 것이라 믿는다.

자신의 역량을 살펴볼 수도 있다. 기업의 직무교육 분야에서는 역량/교육의 구성요소를 측정하는 기준으로 KSA 특성을 많이 활용한다. 지식(Knowledge), 기술(Skill), 태도(Attitude)의 앞글자를 따온 것인데, 어떤 일을 할 때 활용하는 나만의 무기를 뜻한다. 어떤 지식을 지니고 있으며, 실무적으로는 어떤 기술이 있는지, 일이나 사람의 관계에 있어서는 어떤 태도에 임하는지 찾아본다면 다른 사람과 차별화된 나의 특성을 발견해낼 수 있다.

나는 IT기반 지식과 교육/상담 분야의 지식을 가졌고, 강의/코칭 스킬을 보유하고 있으며, 성실하고 꾸준한 태도를 바탕으로 글쓰기 역량을 계속 갈고닦는 중이다. 이를 엮어서 지금은 직장인을 위한 자기 설계 컨설팅 및 강의를 핵심 역량으로 활용하는 중이다.

이 글을 읽는 독자도 사업이나 기획 부문의 역량을 지닌 사람, 예술이나 수공예에 역량을 지닌 사람, 수치계산이나 재무 쪽에 역량을 지닌 사람 등 자신의 경험을 바탕으로 다양한 역량을 정리해볼 수 있을 것이다.

마지막으로 나를 도와줄 수 있는 사람들도 나의 큰 자산이다. 회사에서도 모든 일을 나 혼자 해낼 수 없는 것처럼, 내가 하고자 하는 일에도 내가 할 일과 도움받을 일을 나누는 게 좋다. 예를 들어 창업을 한다고 하면 아이디어 기획, 제작/서비스, 마케팅, 재무/회계 등의 여러 가지 일을 해야 한다. 이럴 때 세무를 도와줄 지인이 있다거나 디지털 마케팅을 잘 아는 지인이 있다면 나는 내 관심분야에 더욱 집중할 수 있을 것이다.

내가 모든 것을 다 해낼 수도 있지만, 핵심분야 이외의 일들은 시간이 오래 걸리거나 상대적으로 전문가에 비해 수준이 낮을 것이다. 향후 '비용의 영역' 편에서 설명하겠지만, 꼭 필요한 도움인데 인맥이 없다면 비용을 지불하고 서비스를 받아야 한다. 따라서 내가 지불할 비용이 한정되어 있음을 감안하면 가능한 한 효율적으로 인적 네트워크가 구축되어 있는 게 좋다. 물론 상대방에게 나의 전문분야를 제공함으로써 상호 보완할 수도 있고, 상대적으로 저렴한 비용이라면 그것도 이익이다.

나에게는 1인기업가 모임이 큰 도움이 되고 있다. 다양한 분야의 사람들이 모이기에 전반적인 사업 흐름을 공유할 수 있고, 기획/마케팅/세무/법률/번역 등 전문가 집단의 조언도 든든한 지지가 된다.

비슷한 모임으로 여행작가학교 동기들도 있다. 2년 전 여행과 글쓰기가 좋아 14주 과정을 함께한 동료들인데, 의외로 색다른 분야의 사람들이 모여서 재미있는 경험을 나누었다. 이를 계기로 지금도 가끔 모임을 갖는다. 여행가와 직장인은 물론 드로잉 작가, 기자, 방송작가, 교사 등 다양한 삶을 나누는 계기가 되었다. 7년 전 시작한 글쓰기 모임에서 비롯한 함께성장인문학연구원 프로그램을 함께하는 강사 동기들도 큰 힘이 된다.

이들 모두가 나에게는 미래를 함께할 응원군인 셈이다.

위의 내용을 바탕으로 필자의 '자신의 영역'을 정리하면 아래와 같다.

# 성격 : 내향적이지만 직관적이고, 주관이 뚜렷하며 조화를 바탕으로 협력을 잘하는 유형

# 강점 : 20년 직장 경력을 바탕으로 논리적 사고력, 강의 등에 자신감

# 역량 : IT/교육/상담분야 지식(컴퓨터공학과 상담심리 전공), 강의/코칭/글쓰기 스킬, 성실하고 꾸준한 태도

# 인맥 : 1인기업가 모임, 글쓰기 모임, 여행작가 모임 등

이외에도 어릴 때부터 지금까지의 경험을 돌아보면서 나만의 역사를 만들어볼 수도 있고, 주변의 지인들에게 설문이나 인터뷰를 통해 나의 강점을 얘기해달라고 할 수도 있다.

'자신의 영역'을 다시 한 번 정리하자면, 내 인생을 설계하기 위한 기초 재료를 모으는 작업이라고 볼 수 있다. 그 재료들을 가지고 다음 장에서 살펴볼 '고객의 영역'에서 누구에게 어떤 도움과 공헌을 할지 생각해볼 수 있다. 세상 누구보다 나의 이 능력을 간절하게 필요로 하는 사람들이 있을 것이다.

이 능력들은 차별화된 나만의 브랜드가 되고, 나의 정체성과 존재감을 일깨워줄 열쇠다. 다시 한 번 강조하지만, 인생설계도는 고정불변의 영역이 아니라 끊임없이 변화할 수 있다. 새로운 경험은 새로운 지식과 기술이 될 수 있으며, 또 다른 나의 강점을 발견하는 계기가 되기도 한다. 나는 아직 내 인생의 한가운데에 있다. 내 속에 숨겨진 무한한 가능성을 늘 마음에 두고, 열린 마음으로 나 자신을 찾는 여행을 떠나보자.

**세줄요약**

- 네 개의 인생 설계 매트릭스 중에서 '자신의 영역'은 내가 갖고 있는 유형/무형의 자산을 표시한다.
- 성격유형, 강점, 역량 및 나를 돕는 사람들을 찾아본다.
- 인생 설계도는 고정 불변이 아니라 나의 무한한 가능성을 반영한다.

인생설계 매트릭스의 자신/고객/비용/수입 영역 중 두 번째 '고객'의 영역을 살펴볼 차례다. 첫 번째 '자신'의 영역에서 내가 가진 것들을 정리해봤다면, 이제는 나의 유·무형 자산을 활용해 누구를 도울 것인지 정리해보자.

'자신의 영역'에서는 성격유형 검사, 강점 찾기, 역량 분석 등 다양한 도구를 활용했다. 그렇다면 내가 도움을 줄 '고객'은 어떻게 찾을 수 있을까?

고객이라는 단어는 방송 미디어나 광고 등 일상에서 많이 접하긴 하지만, 개인에게는 낯설 수도 있다. 물론 자영업이나 서비스 직종에 종사한다면 익숙할 수도 있고, 회사 내에서도 업무상 다른 부서를 '내부 고객'이라 일컫기도 한다. 하지만 내 인생에서 고객은 어떤 의미일까?

첫 번째 실마리는 이전 장에서 살펴본 '자신'의 영역에서 찾을 수 있다.

나의 강점과 역량을 바탕으로 할 수 있는 일의 대상을 찾아본다. 주변의 가까운 사람을 떠올려도 좋지만, 현재 도움을 주는 사람들보다는 미래 쪽을 바라보는 게 좋다. 우리는 지금 미래의 인생을 설계하고 있는 단계이기 때문이다. 물론 지금의 역량을 미래까지 꾸준하게 가져갈 수 있다면 지금 돕고 있는 사람들도 나의 고객이 될 수 있다.

그렇다면 '돕는다'는 의미는 무엇일까? 그것은 상대방이 가지지 못했거나 필요로 하는 것을 내가 제공하는 것이다. 상대방이 무언가 궁금해 한다면 지식이나 지혜를 제공하고, 원하는 물건이 있다면 만들어주고, 아프다면 돌봄이나 위안을 주는 것이다. 내가 준 도움에 대한 대가는 다양하다. 내가 도움을 받을 수도 있고, 금전적인 보상을 받을 수도 있고, 단순한 개인적인 보람이 될 수도 있다.

나는 고객에게 주는 도움을 '공헌'이라 부르기도 한다. 도움의 대가를 어떻게 받건, 나는 도움을 주는 일이나 제공하는 물건에 사명을 부여한다. 단순히 물물교환처럼 받는 만큼 준다는 것은 내 인생에 가격표가 매겨지는 것과 같다. 장인(匠人)이나 대가(大家)의 삶이 보통사람과 다른 이유는, 그들이 사소한 것도 결코 가벼이 여기지 않기 때문이다. 그 일을 자신의 사명으로 생각하고, 하나하나에 진심으로 최선을 다한다.

그렇게 공헌한 상대방이라면 나에게는 정말 특별한 사람이 된다. 나에게 대가를 주는 사람, 그 이상으로 공을 들인 사람이다. 내 도움으로 인해 그 사람의 삶이나 생활이 바뀔 수도 있고, 나 또한 그 사람에게 특별한 사람이 된다.

나는 직장생활 20년의 경험을 바탕으로 하는 '상담과 강의 역량'을 통해 인생의 목표를 정하기 어려워하는 직장인들을 돕기로 했다. 직장인이었던 시절, 그들과 같은 고민을 했었기에 그들의 어려움과 고충을 내 상황처럼 공감할 수 있다. 또한 코칭기법이나 성격유형 분석 등을 통해 본인도 모르는 자신의 기질과 문제를 살펴볼 수 있도록 도움을 줄 수도 있다.

나의 고객들이 인생을 설계하는 데 조금이라도 도움을 받는다면, 나는 대가를 떠나 큰 보람을 느낀다. 타인의 삶이나 성장에 긍정적 영향을 준다는 것은 얼마나 멋진 사명인가. 그래서 직장인들의 꿈을 찾아주는 일을 나의 천직으로 여기고 그들에게 공헌하는 삶이라고 생각한다. 그것은 단순한 금전적 보상을 뛰어넘는 일이다. 마치 장인의 물건에 값을 매기기 어려운 것과 같다.

고객을 정할 때 두 번째로 고려할 점은 가능한 한 구체적으로 대상을 떠올려보는 것이다. 세상 모든 사람을 도울 수는 없는 일. 나 자신의 능력으로 도울 수 있는 사람이어야 한다. 성별, 나이, 직업, 취향, 생활패턴, 관심분야 등을 살펴봐야 한다.

남성과 여성 모두를 대상으로 하는가? 어린이/청년/중년/노년으로 나눈다면, 어느 연령대를 고객으로 해야 할까? 직장인/사업가/예술가/학자/전문가 영역 중에서 어느 영역과 가까울까? 가정적인 사람과 사회 지향적인 사람, 자녀의 연령대 등 다양한 영역으로 분류를 해볼 수 있다. 이 단계를 구체적으로 살펴볼수록 내 고객이 선명하게 떠오른다. 다만, 너무 세부적으로 범위를 한정하면 고객 계층이 적어질 수 있으므로 일의 범위와 역량을 고려하여 고객 그룹을 선정해야 한다.

나는 앞에서 여러 차례 밝힌 대로 직장인을 돕기로 했다. 이를 위해 우선 직업이나 관심사 범주에서 고객을 선정했다. 사업가나 예술가 영역은 내가 경험하지 않은 삶이어서 지금은 구체적인 조언을 해주기가 어렵다. 만약 내가 더 많은 사람과 책을 접하고 연구를 계속한다면 직업군이 확대될 수도 있다. 그리고 직장인 중에서도 구체적으로는 30~40대를 대상으로 한다. 20대 직장인은 회사에서의 연륜이 부족하고, 아직은 취업에 더 관심을 가질 나이다. 50대

이상인 분들은 나보다 오랜 삶을 살아오신 데다 회사를 다니며 준비해야 할 것들을 조언 드리기에는 퇴직까지 남은 시간이 너무 부족하다.

마지막으로 고객의 영역에서 정리할 것은, 위에서 정한 고객들과 어떻게 만날 것인지 관계를 계속 유지해나가는 방법을 찾는 것이다.

내가 누군가를 돕고 싶다 해도 그들이 스스로 나를 찾아올 수는 없다. 그들의 관심사에 같이 동참해야 하고, 나를 끊임없이 알려야 한다. 한마디로 나를 어떻게 홍보할 것인가를 생각해봐야 한다. 내가 공헌할 영역과 관련된 책을 출판할 수도 있고, SNS의 지인이나 네트워크를 통해 나의 관심사를 알릴 수도 있다. 또는 온·오프라인 카페 등의 모임에 참여해서 직접 얘기를 나누거나 강의와 교육 프로그램을 통해 직접 고객과 만날 수도 있다.

더 나아가 한 번 고객으로 인연을 맺은 분들과 어떻게 지속적으로 관계를 유지할 것인가도 생각해야 한다. 카페를 개설해서 관리를 하거나 정기적으로 메일을 보내는 등 다양한 방법을 통해 계속 관심사를 공유해야 한다.

내 주변의 사례를 보면, 책을 통해 자연스럽게 나를 알리는 방법이 제일 좋은 것 같다. 내 책을 보는 사람들은 나와 관심 분야가 비슷한 사람들이기 때문이다. 이후 저자 강연 등을 통해 직접 만나는 기회를 만들 수도 있다. 또는 드로잉/글쓰기/스피치 수업이나 강의 프로그램을 통해 고객과 직접 만나기도 한다. 또 페이스북에 페이지를 개설해서 가입 고객에게 지속적으로 관련 콘텐츠를 제공할 수도 있다.

나도 고객의 입장에서 글쓰기 모임이나 1인기업가 모임, 여행작가 학교 모임 등을 통해서 많은 도움을 받았다. 특히 1인 출판과 관련해서는 여러 종류의 세미나에 참석해서 출판업계에 종사하는 강사들로부터 생생한 정보를 얻었다. 그 결과 아직은 시기상조라고 판단하여 출판사 설립을 연기했다.

위의 내용들을 바탕으로 필자의 '고객의 영역'을 정리하면 다음과 같다.

# 대상: 30~40대 직장인

[Case 1] 30대 후반, 대리 직급, 유치원 자녀, 자기계발/승진/이직 관심

[Case 2] 40대 초반, 과장 직급, 중학생 자녀, 일과 개인/제2인생 관심

# 홍보: 인생설계 관련 책 출간, 조직 및 업체 강연, SNS/블로그 기고

# 유지: 연구소 설립(온라인 홈페이지 개설 및 회원 관리, 정기 프로그램 진행)

인생을 설계함에 있어 금전이나 명예에 목표를 두면 달성하기도 쉽지 않을 뿐더러 끝없는 욕망을 좇게 된다. 고객의 영역은 진정으로 내가 인생을 살아가는 의미와 목적을 정하는 데 도움을 준다. 다시 말해 누구를 위한 삶인지, 인생을 왜 살아야 하는지 그 목표가 분명해진다. 또한 누군가를 돕겠다는 사명을 가지면 인생 곳곳에서 나타나는 어려움을 극복하는 힘이 생긴다. 그것이 바로 공헌하는 삶의 힘이다.

시작은 최초의 고객 1명에서 출발할 테지만, 인생을 살아가는 동안 고객이 몇 명으로 늘어날지 알 수 없다. 100명이어도 의미가 있고, 만 명이어도 의미가 있다. 나 하나로 그들의 삶에 변화를 일으킬 수 있다면 정말 멋진 인생이 아닌가.

## 세줄요약

- 네 개의 인생 설계 매트릭스 중에서 '고객의 영역'은 내가 누구를 도울 것인지 안내한다.
- 고객의 성별, 연령, 직업, 관심사를 상상해보고, 어떻게 그들과 만날지 생각해본다.
- 누군가를 위해 공헌하는 삶은 내 인생의 목표를 확실하게 알려준다.

# 비용의 영역 –
# 필살기를 위한 투자

인생설계 매트릭스의 세 번째인 '비용'의 영역을 다룰 차례이다. '자신'의 영역에서는 우리가 가진 유무형의 자산을 알아보았고, '고객'의 영역에서는 자산을 바탕으로 누구를 도울 것인가 찾아보았다. 이번에는 자신의 영역을 업그레이드하고 고객의 영역을 넓히는 데 필요한 비용을 계산해본다.

비용은 내 인생의 활동들을 원활하게 지속하기 위해 계속 공급해주어야 하는 연료와 같다. 연간이나 월간 단위 지출 금액으로 계산할 수도 있고, 열정 에너지나 건강처럼 같이 돈으로 계산할 수 없는 것일 수도 있다. 아래의 사례는 이해를 돕고자 편의상 구분한 것일 뿐 사람마다 나름대로 항목을 달리 할 수 있다.

우선 첫 번째로 자신의 역량을 업그레이드하는 데 드는 비용이다.

내 인생의 설계도는 앞서 설명한 '자신'의 영역에서 정리한 역량과 기술을 기반으로 만들게 된다. 현재 자신이 보유하고 있는 역량이라도 주기적으로 보수 교육을 받거나, 트렌드에 따라 새로운 역량으로 바꿔야 할 수도 있다. 또는 '고객'의 영역에서 새로운 대상을 발굴함에 따라 기존에 없던 역량을 새로 갖춰야 할 때에도 신규 학습에 필요한 비용이 발생할 수 있다. 예를 들어 컨설팅이나 강의 등 지식 관련 서비스를 제공하는 활동은 끊임없이 자신의 콘텐츠를 개발하고 지식수준을 높여야 한다. 따라서 학위를 취득하거나 관련 세미나 및 교육과정에 참여하는 비용이 들 수 있다.

두 번째는 활동 기반이나 인프라를 유지하기 위한 비용이다. 개인 사무실을 염두에 두고 있다면 기본적으로 소요되는 비용이 꽤 많다. 건물 임대료, 공공요금, 세금, 교통비, 식대, IT유지 비 등 주기적으로 계속 들어가는 비용이다.

제조업을 생각하고 있다면 재료와 유통에 관련된 비용도 따져봐야 한다. 기본적으로 1년 기준으로 비용을 시뮬레이션해보는 게 좋은데, 책이나 신문을 통해 다른 기업의 결산보고서 비용 항목 등을 참고하면 된다. 직원을 두어야 한다면 인건비도 생각해야 한다. 1인당 비용도 만만치 않거니와, 필요한 인원과 직원들이 계속 근무하게 하기 위한 인센티브까지 신중히 생각해야 한다.

인터넷을 통해 정보를 미리 검색해보고, 관련 협회나 커뮤니티에 가입해서 경험자에게 조언을 구하는 것도 좋다. 가능한 한 구체적인 항목과 금액으로 정리하면, 향후에 인생의 설계도 규모를 늘리거나 줄일 때 도움이 된다.

나는 1인 지식기업의 형태여서 제조업과 달리 제작비, 유통비, 인건비 등이 발생하지 않는다. 사무실도 다른 1인기업가와 공유 중이고, 교통비 또한 경기도 집에서 서울 사무실까지 대중교통으로 출퇴근함으로써 많이 절약하고 있다. 출퇴근 시간이 좀 오래 걸리는 게 흠이지만, 독서와 글쓰기 등이 가능한 것에 만족한다. 다만 강의와 컨설팅을 주로 하는 일의 특성상 모바일 업무에 지장이 없도록 고성능 노트북 컴퓨터와 특정 휴대폰 요금제, 인터넷 저장공간 사용료 등에 나름의 비용을 쓰고 있다.

세 번째 항목은 전문가 고용 비용이다. 혼자서 세상의 모든 일을 다 해낼 수는 없다. 특히 현대 사회는 분업화된 형태의 산업이 많기 때문에 몇 가지 일에 집중을 하고 나머지 영역은 전문가의 도움을 받아야 한다. 대표적인 몇 가지 영역을 살펴보면 세무와 관련된 일, 법적으로 검토해야 할 일, 마케팅이나 홍보와 관련된 일, 특정 영역의 전문적인 조사 등이 있을 수 있다.

앞서 '자신'의 영역에서도 얘기했지만, 이러한 전문가들을 나의 인맥 네트워크에서 확보한다면 비용 절감에 큰 도움이 될 뿐만 아니라, 믿고 맡길 수 있는 신뢰를 바탕으로 내 일에 더 집중할 수 있을 것이다.

전문가를 고용하는 일은 비용이 많이 들기도 하지만 필요에 맞는 사람을 구하기도 쉽지 않다. 나도 1인기업으로 출발했던 초기에 홀로 이것저것 하려다 보니 막막했던 경험이 있다. 다행스럽게도 나와 비슷한 생각을 가진 1인기업가들의 정기 모임과 SNS에서 교류를 하다 보니 각자의 역량을 공유하자는 데 뜻을 모아 협동조합을 결성했다. 기획/홍보/세무/법률/미디어/번역/컨설팅 등 다양한 분야의 사람들이 모이니 큰 힘이 되었다. 뿐만 아니라 1인기업으로 참여하기 어려운 영역에는 협동조합의 자격으로 제안할 수 있어 사업의 영역도 확대할 계획이다.

네 번째 항목은 신체적·심리적 비용이다. 이 부분은 돈으로 따질 수 없는 항목이기도 하다. 왜냐하면 내가 계획한 일에 열정을 다하느라 발생하는 비용이기 때문이다. 가령 예전보다 더 시간을 투자하고 늦은 밤이나 주말에 일을 할 수도 있다. 또 정신적 스트레스나 인간관계에서 오는 마음의 불편함도 생길 수 있다.

가능한 한 그런 비용이 발생하지 않도록 '자신'이나 '고객'의 영역을 설정해야 하지만, 멀리 앞을 내다본다면 꼭 넘어야 할 과정일 수도 있다. 그렇다면 미리 예상해서 준비를 하는 것이 예상치 못하게 맞닥뜨리는 것보다 낫다. 꼭 필요한 경우라면 최소화하는 게 좋고, 목표 기한이나 투자 시간을 미리 설정해서 무리한 욕심을 부리지 않는 게 좋다. 아무리 훌륭한 일이라도 나를 계속 희생하며 진행할 수는 없다.

나는 1인기업 초기에 일에 대한 의욕이 높았다. 회사를 다닐 때 못 해본 것들을 다 해보고 싶었고, 그동안 참여 못했던 세미나와 교육도 모두 듣고 싶었다. 그러다 보니 회사를 다닐 때보다 몸과 마음은 더욱 바빠졌고, 가족들은 오히려 내 얼굴 보기가 더 힘들다고 불평이 늘었다. 또한 단기간 내에 내 일을 안정시키고 싶어 조바심이 생기니, 목표에 대한 조기 달성을 위한 스트레스가 커지기도 했다.

1년이 지날 무렵, 지난 시간을 되돌아보고 호흡을 다시 가다듬었다. 새로운 인생을 위한 시작인데 너무 성급하게 달려왔다는 생각이 들었다. 미래에 대한 시야를 넓혀 최소한 10년 주기 이상의 설계를 목표로 했다. 덕분에 '자신'과 '고객'의 영역을 더 핵심적으로 집중하여 선정하게 됐다.

위의 내용을 정리해 필자의 '비용' 영역을 정리하면 아래와 같다.

# 연구 학습 비용 : 교육/세미나/학습 참여, 도서 구입

# 활동 유지 비용 : 임대료, 공공요금, 통신비, 식대, 교통비

# 전문가 비용 : 협동조합 투자 및 운영회비

# 신체적/심리적 비용 : 혼자 일해야 하는 부담감 및 스트레스

인생의 설계도를 작성할 때 현실적인 비용들을 살펴보지 않으면 허황된 꿈에만 그치거나 현실의 삶에서 실현 가능성이 낮아질 수 있다. 다시 말해 장밋빛 미래에만 초점을 맞추다 보면 그 목표를 달성하기 위한 제약조건을 보지 못할 수 있다. 자신의 역량과 비용은 생각지 못하고 비현실적인 꿈을 그릴 수도 있다.

지금까지 살펴본 '비용'의 영역에서는 현실에 대한 감각을 일깨워 내 설계도가 실현될 수 있는지 직접 검증해보았다. 그러자면, 당장 내 통장에서 돈이 나가는 것처럼 구체적으로 금액까지 정리해보기를 권한다. 매일/매주/매달 가상으로 정산을 해보고, 1년 단위로는 얼마가 필요할까 가늠해본다. 지금의 사정과 비교해서 경제적 여유가 있다면 '자신'과 '고객'의 영역을 더 확대할 수 있고, 생각보다 비용이 크다면 항목을 몇 가지 줄여 핵심활동에 집중할 필요가 있다.

내 인생은 내가 경영하는 사업과 같다. CEO가 되어 내 삶이 구현되는 과정을 미리 살펴보자.



- 인생설계 매트릭스 네 개의 영역 중에서 비용의 영역은 자신과 고객을 지속적으로 유지하는 데 필요한 것이다.
- 자신의 업그레이드, 활동 기반 유지, 전문가 고용, 심신의 건강과 관련된 비용을 따져본다.
- 구체적으로 비용을 살펴볼수록 인생의 설계도를 구현할 가능성이 높아진다.

# 수입의 영역 –
# 삶을 지속하게 하는 조건

    인생설계도 네 개의 영역 중 마지막인 '수입'을 살펴볼 차례다. 수입을 제일 마지막에 살펴보는 이유는, 돈을 많이 벌고 싶어하는 인간의 욕망을 염두에 두었기 때문이다.

    대부분의 사람들은 돈이 생기기 전에는 하고 싶은 일을 찾지 않는다. 일단 당장 먹고살 만한 돈이 생긴 이후에야 하고 싶은 것을 찾아 나서고, 돈이 많아질수록 하고 싶은 것도 늘어난다. 거꾸로, 돈을 위해서라면 하고 싶지 않은 일을 억지로 하기도 한다. 하지만 수입에서 우리의 욕망을 떼어놓고 생각해본다면 이전에서 설명한 '비용'에 생계를 위한 금액을 더해 예상 수입 금액으로 잡을 수 있다.

    물론 조금 더 벌어서 내가 하고 싶은 일을 더 키울 수도 있지만, 수입 영역의 핵심은 무조건 수입을 늘리는 게 아니라 미리 예상 비용을 계산해보고 그에 따른 적절한 수입을 예측해보는 것이다. 그렇지 않으면 욕망에 따라 과도한 수입을 좇으면서 '자신'과 '고객'의 영역에서 하기로 했던 일들을 벗어날 수도 있다. 직장인의 경우에는 거의 매달 정기적인 수입이 있으므로 그 금액을 설계도에 반영하면 되지만 사업을 하는 경우에는 다양한 형태가 있을 수 있다. 따라서 여기에서는 사업자 기준으로 설명하도록 하겠다.

우선 금전적으로 계산 가능한 유형의 수입과 나에게 의미와 가치를 주는 무형의 수입으로 나눌 수 있다. 유형의 수입은 다시 정기적으로 들어오는 고정적인 수입과 기회가 올 때마다 들어오는 유동적인 수입으로 나눈다. 고정적인 수입은 부동산임대료, 금융이자, 저자 인세, 특허료와 같이 내가 굳이 특별히 활동을 하지 않더라도 정해진 프로세스에 따라 생기는 수입이다.

반면 유동적인 수입은 물건이나 서비스를 제공할 때 발생하는 수입이다. 유동적이라고 이름을 붙인 이유는 얼마나 자주 제공하느냐, 얼마나 높은 가격을 정하느냐에 따라 수입 금액이 달라지기 때문이다. 다시 말해 물건을 많이 만들고, 시간을 많이 투자할수록 수입이 늘어나게 된다. 실제로 단가와 시간을 표시해서 예상 수입 금액을 적어보면, 막연한 수입이 아니라 현실적으로 다가올 것이다.

수입에서 앞서 살펴본 비용을 빼면 소득이 된다. 직장에서는 매달 세금 등을 공제한 월급 소득이 정해져 있지만, 개인사업자는 대부분 소득이 일정하지 않다. 경우에 따라서는 적자가 발생할 수도 있으므로, 철저하게 비용을 반영해서 예상 수입을 계획해야 설계도에서 하고자 하는 일들을 지속할 수 있다. 즉, 임대료와 같은 고정적 수입으로도 충분하다면 더할 나위 없이 좋겠지만 고정적 수입이 없거나 부족하다면 유동적 수입을 꼼꼼히 따져봐야 한다.

유동적 수입은 위에서 얘기한 것처럼 얼마나 시간과 노력을 투자하느냐에 달려 있다. 내 시간의 전부를 고객에게 공헌으로 투자해도 상관없지만, 자신을 위한 업그레이드와 여가에도 시간을 투자해야 한다면 그 비율을 조정해야 한다.

내 경우를 예로 들어보자. 나는 인생설계도에서 강의와 컨설팅을 주요 활동으로 선정했다. 그리고 시간당 강사료와 컨설팅 비용 등을 책정하고, 월 몇 회를 해야 소득을 올릴 수 있을지 계획을 세웠다. 그래서 수입을 위한 일들에 투자할 시간을 계산했고, 그와 더불어 내 역량의 업그레이드 및 여가를 위한 활동 시간도 예상했다. 실제로는 고객이 수시로 강의를 요청하는 경우가 드물기 때문에 정기적인 강의를 위한 제안과 홍보활동도 끊임없이 해야 한다.

회사를 다닐 때는 아프거나 일을 제대로 못해도 월급이 나오지만, 사업을 시작하면 모든 수입활동을 내가 책임져야 한다. 회사를 다닐 때에 비해 상대적으로 자유가 생기는 반면, 나 스스로 수입이 되는 일을 계속 만들어내야 하는 부담도 생겼다.

예상 수입을 계산해보았다면 이전 단계의 비용을 다시 검토해본다. 다시 말해 수입을 위한 활동 외에 전혀 여유시간을 낼 수 없거나 적자가 예상된다면 앞 단계에서 쓰기로 했던 비용을 조절해야 한다. 즉 역량을 업그레이드하는 항목들의 순위를 조정하거나, 사무실 운영 등과 관련한 활동 기반 유지비를 줄이는 작업이 필요하다. 물건을 만드는 제조업의 경우라면 더욱 부가가치가 높은 상품 위주로 만들거나, 제작 시간을 단축하는 방법을 찾아야 한다. 비용뿐만 아니라 고객의 요청 수요가 지속적으로 발생할지도 예상해봐야 한다. 무한대의 고객이 있는 것도 아니고, 한 번 방문한 고객이 반드시 또 오는 것도 아니기 때문이다.

다음으로 의미와 가치를 지닌 무형의 수입을 살펴보자.

'고객'의 영역 편에서도 얘기한 것처럼 물질적인 것에만 인생의 목표를 두게 되면 달성하기도 힘겹지만, 달성 과정에서 수단과 목적을 가리지 않게 될수도 있다. 하지만, 나의 일이 타인의 삶에 긍정적인 영향을 준다면, 내 삶도 돈으로 따질 수 없는 가치를 갖는다. 대표적인 무형의 수입으로 '사명감'을 들수 있다. 사명감은 그 일을 해내려는 마음가짐으로써, 어떤 일이 있더라도 해내겠다는 의지이다.

그러기 위해서는 내가 왜 그 일을 하려는지 그 답을 지니고 있어야 한다. 고객의 삶에 어떤 도움과 어떤 변화를 줄 것인지, 또 나는 어떤 성장을 하게 되는지 등의 질문을 떠올려보고 예상 답변을 생각해보자. 사명감 외에도 일에 대한 즐거움이나, 재미와 보람 또한 중요한 가치를 가질 수 있다.

나는 회사를 나오면서 미래에 대한 불안감을 갖고 있는 직장인들을 돕겠다고 마음먹었다. 내 일에 대한 정의를 '나의 성장을 돕는 일'이라고 정했다. 여기서의 '나'는 고객을 뜻하는 것이자, 필자 자신을 가리키는 것이기도 하다. 내가 하는 일로 고객과 나에게 작은 긍정의 변화를 불러올 수 있다면, 나는 수입이 적을지라도 기꺼이 이 일을 계속할 것이다.

한번은 직장인이 아닌 중학생을 대상으로 진로 특강을 한 적이 있는데, 아들 또래 아이들의 '저도 강사님처럼 멋진 삶을 살고 싶어요'라는 가슴 벅찬 감동의 후기를 잊을 수 없다. 아마 그 아이들은 멋진 삶을 준비하기 위해 학교 공부를 대하는 마음이 바뀌었을 거라 믿는다.

내게 있어 또 다른 무형 수입을 들자면 새로운 사람을 만나는 즐거움이다. 1인기업을 하다 보니 내가 대표인 동시에 영업 담당자다. 전에는 회사에서 유관부서의 담당자와만 교류했는데, 이제는 다양한 직업과 성격을 지닌 사람들을 많이 만나게 되었다.

예전부터 사람에 대한 관심이 높아 상담심리학까지 전공한 터라, 여러 사람들과 각각 다른 주제로 많은 얘기를 나눌 수 있는 게 즐겁다. 그 외에도, 내 시간을 비교적 자유롭게 활용할 수 있는 것도 커다란 장점이다. 중요한 교육이나 세미나도 마음껏 들을 수 있고, 멋진 문화행사를 평일 낮에 여유 있게 즐길 수도 있기 때문이다. 이 모두가 회사에서는 맛볼 수 없는 경험들이고, 주위의 사람들로부터 많은 부러움을 받는 선물인 셈이다.

위의 내용들을 요약해 필자에 해당하는 '수입의 영역'을 정리해보았다.

> # 유형 수입
>
> 고정적 수입 : 연금(00세 이후), 저자 인세
>
> 유동적 수입 : 강의료(00원×00회), 코칭/컨설팅료(00원×00회),
>
> 기고료(00원×00회)

> # 무형 수입
>
> 타인의 성장을 돕는 사명감
>
> 새로운 사람들과의 네트워크
>
> 자유로운 시간 활용

수입은 내 인생의 설계도를 지속하게 해주는 에너지다. 아무리 내가 멋진 인생을 설계했다고 하더라도 수입이 없으면 비용은 어떻게 감당할 것이며, 필수적인 생계활동은 어떻게 해나갈 것인가.

비용과 마찬가지로 수입 또한 현실 감각을 일깨우는 영역이다. 내 인생 목표가 장밋빛 꿈으로만 끝나지 않으려면 실제의 삶과 똑같이 시뮬레이션을 해봐야 한다. 예상 수입과 비용을 통해 경제적으로 자신감이 생긴다면 미래에 대한 불안감도 줄어들고, 타인 앞에서 당당하게 내 인생을 얘기할 수 있다. 또 사명감과 보람에서 비롯된 무형의 수입도 중요하게 생각한다면 금전적 수입에 흔들리지 않고 자신의 믿음에 충실한 삶을 설계할 수 있을 것이다.



- 인생설계 매트릭스 네 번째 '수입'의 영역은 금전적 유형 수입과 가치적 무형 수입으로 나눈다.
- 금전적 수입은 금액과 물량을 계산하고, 가치적 수입은 사명과 보람을 찾아본다.
- 수입의 영역을 명확히 하면, 미래의 불안이 줄어들고 인생에 대한 자신감이 생긴다.

# 처음으로 만들어 보는 생애설계도 1.0

지금까지 생애설계도의 네 개 영역을 자세히 살펴보았다. 이제 이를 바탕으로 자신의 첫 생애설계도를 정리해보자. 네 개의 영역을 나무를 보듯이 살펴보았다면, 이제는 숲을 보듯이 전체를 다시 살펴보아야 한다.

지금까지 작성한 생애설계도를 다시 펼쳐보자. 설계도의 윗부분에 해당하는 '자신'의 영역과 '고객'의 영역은 '사람'이라는 키워드로 연결된다. 내가 가진 것을 바탕으로 고객에게 도움을 주는 공헌을 할 수 있고, 거꾸로 공헌을 하고 싶은 분야가 있는데 능력이 부족하다면 추가로 보완 계발해야 할 것이다. 즉, 각 영역은 독립적으로 존재하는 게 아니라 서로 긴밀한 관계를 맺고 있다. 그리고 상호 보완을 통해 영역에 포함되는 항목이 늘어나고 성장한다. 이 때문에 전체 영역을 다시 조망해보는 것이다.

설계도의 아랫부분에 해당하는 '비용'의 영역과 '수입'의 영역도 마찬가지로 함께 비교해보자. 이 부분을 서로 엮어주는 키워드는 '가치'이다. 돈이나 시간을 '써야 할 영역'과 '벌어야 할 영역'이므로 양쪽의 가치를 어떻게 조율하고 최적의 균형점을 찾는가 하는 게 핵심이다.

누구나 많은 돈을 벌기를 바라겠지만, 그에 대한 대가가 크다면 자신이 갖고 있는 삶의 가치관과 맞지 않을 수도 있다. 예를 들어 가족과 시간을 더 보내기 위해 직장을 그만두고 1인기업을 선택했는데, 오히려 직장에 다닐 때보다 더 많은 시간을 일하고 집에 와서도 일에서 해방될 수 없다면 문제가 있는 것이다. 또는 최소한의 비용을 감당할 수조차 없을 정도로 수입이 적다면 꿈을 좇는 이상주의자일 뿐이다. 즉 비용과 수입을 가치의 측면에서 보는 것은 내가 어느 한쪽으로 치우치지 않고 서로의 영역을 참조하여 적정한 가치를 찾는 데에 있다.

위와 아래의 영역을 각각 비교해보았다면 이제는 위와 아래를 묶어보자. 우선 왼쪽에 자리 잡은 '자신'과 '비용'의 영역을 살펴보자.

두 개의 영역을 묶는 키워드는 '나'이다. 자신의 영역에 해당하는 항목은 내가 갖고 있는 능력이나 기술, 성격, 인맥 등을 의미한다. 타고난 성격을 제외하면 나머지 항목들은 돈이나 시간을 투자해야 하는 것들이다. 거꾸로 말하면 내가 투자할 수 있는 돈이나 시간은 한정되어 있으므로 자신의 영역에 속하는 자산을 무한정 늘릴 수 없다는 말이기도 하다.

1인기업가로서 살아가다 보니 다양한 1인기업가를 만나게 된다. 그 과정에서 가끔 이것도 해보고 싶고 저것도 해보고 싶어서 1년 내내 교육만 수강하시는 분을 만나기도 한다. 하지만 본질적으로 교육은 이익을 발생시키지 않는다. 미래를 위한 투자라 하더라도 현실적으로 비용의 한계를 책정해두어야 핵심역량에 집중적으로 투자할 수 있다. 도저히 포기할 수 없는 역량이라면, 비용 영역에 항목을 추가하고 위에서 살펴본 것처럼 수입의 영역까지 함께 보완을 해야 현실적인 설계도가 된다.

다음으로는 오른쪽에 위치한 고객과 수입의 영역을 함께 살펴보자.

두 개의 영역은 '공헌'이라는 키워드로 묶을 수 있다. 고객은 공헌의 대상이며, 수입은 공헌에 대한 보답인 셈이다. 여기에서의 핵심은 내가 어떤 고객을 선택하느냐에 따라 수입이 변화한다는 것이다.

오해를 없애기 위해 다시 설명하자면, 수입을 늘리기 위해 돈 많은 고객을 확보하라는 의미가 아니다. '수입'의 영역 편에서도 얘기했지만, 수입에는 금전과 같이 물질적인 것만 있는 게 아니다. 사명이나 보람, 재미와 같은 무형의 가치를 지닌 것도 있다. 예를 들어 수입이 꽤 크긴 하지만 고객이 비도덕적인 것을 요구하거나 나의 일방적인 희생을 강요한다면 어떤 선택을 할 것인가? 물론 선택은 자신의 몫이다. 경우에 따라서는 '비용'의 영역을 충당하기 위해 '수입'의 영역에서 어쩔 수 없이 감내해야 하는 부분이 있을 수 있다. 하지만 네 개의 영역은 모두 유기적으로 연결되어 있다. 내 삶의 가치관에 비추어보아 선택에서 제외할 것들은 없는지 다시 한 번 살펴보아야 한다. 내 삶을 풍요롭게 만드는 가치가 무엇인지 떠올려봐야 한다.

네 개의 영역을 서로 두 개씩 묶어 다시 한 번 살펴보았다. 전체적으로는 각 영역이 꼬리에 꼬리를 물고 한 바퀴 돈 셈이 되었다. 새로 산 신발을 내 발에 맞도록 길을 들이는 것처럼, 설계도를 내 삶의 가치관에 비추어 튜닝을 했다고 보면 된다. 이제 이 설계도를 요약하는 콘셉트를 만들어보도록 하자. 이 설계도는 어느 누구에게도 쉽게 설명해주어야 하고, 나도 미래의 모습을 늘 구체적으로 떠올릴 수 있어야 한다.

자신 - 고객 - 수입 - 비용의 순서로 각 영역의 핵심 단어를 추출해서 연결해 보면 대략 다음과 같은 형식이 될 것이다.

> 나의 OOO을 바탕으로 OOO에게 OOO을 공헌함으로써, OOO을 얻을 수
> 있고, 이를 위해 OOO을 투자할 것이다.

내가 작성한 생애설계도를 기준으로 콘셉트를 정리해보면 다음과 같다.

> 나의 글쓰기와 강의 역량을 바탕으로 미래가 불안한 직장인에게 생애설계
> 프로그램을 공헌함으로써, 강의료/상담료 수입과 타인의 성장을 돕는 보람
> 을 얻을 수 있고, 이를 위해 연구에 필요한 시간과 연구소 유지비용을 투자
> 할 것이다.

여러분도 충분히 자신만의 콘셉트를 만들어낼 수 있을 것이다. 이렇게 최적화된 설계도를 '생애설계도 1.0'이라 부르도록 하겠다. 요즘은 컴퓨터 프로그램이나 휴대폰 앱 버전, 심지어 트렌드나 조직에도 숫자를 부여한다. 예를 들어 '정부 3.0'이나 '인더스트리 4.0' 등이다. 여기서 1.0을 붙인 이유는 1이라는 숫자가 최초이자 시작을 의미하기 때문이다. 다시 말해 1.0 이후에 1.1, 1.2, 1.3……2.0, 3.0 등으로 계속 발전시켜 나갈 수 있다는 것이다.

다음 버전을 언제 갱신해야 한다는 규칙은 없다. 내 삶에 설계도를 대입해보았을 때, 무언가 차이가 발생한다면 바로 업데이트하면 된다. 차이가 나는 이유는 이전 설계도에 비해 나의 삶이 더욱 풍성해졌기 때문이다. 다시 말해 나 자신의 능력이 커졌거나 새로운 고객이 나타났음을 의미한다. 거꾸로 말해서 설계도가 바뀌지 않는다면 내 삶은 무언가 연못에 고인 물처럼 정체되어 있다고 보면 된다. 자기 나름대로 일정한 주기를 두고 설계도를 다시 리뷰해보는 것도 한 가지 방법이다.

마지막으로 설계도의 작성자에게 멋진 명칭을 부여해주자. 설계도는 미

래에 내가 되고 싶은 모습을 그려보는 것이다. 그때가 되면 세상에서 나를 부르는 명칭이 있을 것이다. 나의 경우에는 '자기설계 전문가'라고 이름을 붙였다. 내 고객이 자기의 미래와 생애를 설계하는 데 도움을 주는 전문가라는 뜻이다.

이제 내 설계도의 정식 명칭은 '자기설계 전문가의 개인 생애설계도 1.0'이 되었다. 그리고 각자 바인더나 멋진 노트를 준비해서 설계도가 업데이트될 때마다 차곡차곡 모아두자. 향후 예전의 설계도를 순서에 따라 살펴보면 내 꿈이 어떻게 확장되어 왔는가를 볼 수 있다. 즉, 한눈에 보는 내 꿈의 역사인 셈이다.

만약 현재의 내 모습을 그대로 네 개 영역에 표시해본다면 내 삶이 지나온 역사가 될 것이다. 이제 여러분의 미래가 될 설계도를 지금부터 하나씩 만들어보자.

⬇ 세줄요약

- 가로 방향 자신과 고객, 비용과 수입을 묶어서 비교해본다.
- 세로 방향 자신과 비용, 고객과 수입을 묶어서 비교해본다.
- 설계도에 멋진 명칭을 부여하고, 계속 업데이트하자.

# [ 필자의 생애설계도 1.0 ]

## 자기설계 전문가의 생애설계도 1.0

작성일 : 20XX 년 XX 월 XX 일

|  | 나 | 공헌 |
|---|---|---|
| 사람 | **[ 자신 ]**<br>● 성격 - 내향적이지만 직관적이고 주관이 뚜렷하며, 조화를 바탕으로 협력을 잘 하는 유형<br>● 강점 - 20년 직장 경력을 바탕으로 논리적 사고력, 강의 등에 자신감<br>● 역량 - IT/교육/상담분야 지식(컴퓨터공학,상담심리 전공), 강의/코칭/글쓰기 스킬, 성실하고 꾸준한 태도<br>● 인맥 - 1인기업가 모임, 글쓰기 모임, 여행작가 모임 등<br>● 활동 - 직장인 대상 자기설계 강의/컨설팅 | **[ 고객 ]**<br>● 대상 - 30~40대 직장인<br>[ Case 1 ] 30대 후반, 대리 직급, 유치원 자녀, 자기계발/승진/이직 관심<br>[ Case 2 ] 40대 초반, 과장 직급, 중학생 자녀, 일과 개인/제2인생 관심<br>● 홍보 - 인생설계 관련 책 출간, 조직 및 업체 강연, SNS/블로그 기고<br>● 유지 - 연구소 설립(온라인 홈페이지 개설 및 회원 관리, 정기 프로그램 진행) |
| 가치 | **[ 비용 ]**<br>● 연구 학습 비용 - 교육/세미나/학습 참여, 도서 구입<br>● 활동 유지 비용 - 임대료, 공공요금, 통신비, 식대, 교통비<br>● 전문가 비용 - 협동조합 투자 및 운영회비<br>● 신체적/심리적 비용 - 혼자 일해야 하는 부담감 및 스트레스 | **[ 수입 ]**<br>● 유형 수입<br>고정적 수입 - 연금(00세 이후), 저자 인세<br>유동적 수입 - 강의료(00원×00회), 코칭/컨설팅료(00원×00회), 기고료(00원×00회)<br>● 무형 수입<br>타인의 성장을 돕는 사명감<br>새로운 사람들과의 네트워크<br>자유로운 시간 활용 |

# 첫 번째 실습,
# 새로운 일 – 창업(創業)

이전까지의 단계에서 개인별로 설계도 1.0을 만들어보았을 것이다.

설계도는 가능한 한 많은 사람들에게 보여주고 피드백을 받으면 좋겠지만, 아직은 너무 미흡해서 무언가 빠진 게 없는지 검토해보고 싶을 수 있다. 그래서 미래에 선택할 수 있는 몇 가지 시나리오를 골라 일단 한 번 설계도 작성 실습을 해보려 한다.

첫 번째 시나리오는 무언가 새로운 일을 해보려 할 때다. 대표적인 경우가 창업이다. 근래에는 아예 직업을 새로 만들어내는 '창직'이라는 용어도 나타났다. 하지만 존재하지 않는 새로운 틈새시장을 만들기 위해서는 관련 분야에 대한 전문적인 사전 학습과 연구가 필요하므로 창업에 대한 실습 이후에 영역을 확장해보기 바란다.

창업은 다양한 업종을 생각해볼 수 있는데, 먼저 주변에서 비교적 자주 접하는 '카페'를 사례로 다루어보겠다. 필자가 카페를 직접 창업해본 경험은 없기 때문에 1인기업과 관련된 모임이나 창업 교육, 팟캐스트 방송 등의 자료를 종합해서 설계도를 구성해보았다. 카페 관련 경험이 있는 독자라면 훨씬 더 구체적이고 현실적인 항목들을 고려해보겠지만, 일단 여기에서는 카페에 대한 경험이 없다는 전제하에 기본 내용들을 정리했다. 전체적인 큰 틀에서는 이전 장과 마찬가지로 '자신 - 고객 - 수입 - 비용'의 영역으로 나누어 작성한다.

그럼, 멋진 카페의 사장을 목표로 하는 생애설계도를 한번 작성해보자.


## [ 자신의 영역 ]

우선 카페 사장을 하는 데 도움이 될 성격이나 강점이 있을까? 많은 사람들이 영화나 드라마에서 본 이미지 때문인지 조용하고 꼼꼼한 성격이 적격이라 얘기한다. 하지만 카페는 기본적으로 수많은 손님들이 오고가는 곳이다. 카페의 위치와 목적에 따라 다소 다르겠지만, 고객을 맞이하는 곳은 '서비스'가 기본 바탕이다. 즉 사장과 직원이 손님을 어떻게 대하느냐가 사업의 성패를 가를 수 있다. 따라서 조용한 것보다는 싹싹하게 손님을 맞이하는 친화력이 더 큰 장점일 것이다. 손님은 사장의 기분 상태를 배려하는 경우가 거의 없다. 사장의 기분에 상관없이 늘 활짝 웃는 얼굴로 맞이해야 할 수도 있다.

성격 외에 체력도 큰 요소가 된다. 카페는 대부분 서서 손님을 맞는다. 즉 하루 종일 서서 근무해야 한다. 여유롭게 앉아 있다가 가끔씩 오는 손님을 맞을 수도 있지만, 그건 카페가 본업이 아닐 때 가능한 상황이다.

사장을 도와주거나 중요한 영향을 끼치는 사람은 누굴까? 홀로 카페를 운영하는 게 아니라면 아르바이트생이 큰 역할을 한다. 친절하고 성실한 사람이면 더할 나위가 없겠지만, 늘 그런 아르바이트생이 들어오리라는 보장은 없다. 필요하다면 내가 가르쳐야 하고, 인건비와 연결되는 부분이므로 몇 명을 채용할지도 고민해야 한다.

카페를 운영하고 있는 지인이 있을 경우 노하우를 서로 공유하는 것도 좋다. 또는 카페 창업과 관련된 온오프라인 모임도 도움이 될 것이다. 하지만 무엇보다 큰 자산은 카페에서 직접 일해본 경험일 것이다. 따라서 카페를 차리기 전에 1년 정도 다른 카페에서 아르바이트생으로 근무를 해본다면 카페의 운영원리나 노하우를 상당 부분 터득할 수 있을 것이다. 이 과정에서 카페가 본인의 적성과 맞지 않는다고 생각된다면 다른 업종을 고려해볼 수도 있다.

지금까지의 내용을 중심으로 자신이 부족한 부분과 강점이 무엇인지 정리해보자.

## [ 고객의 영역 ]

카페의 운영방식이나 지리적 위치에 따라 목표 고객이 달라질 수 있겠지만, 가장 일반적인 형태로 주택가 인근이나 사무실 근처를 예상해보자. 크게 두 개의 그룹으로 나눌 수 있는데, 매장에서 머무르는 고객과 테이크아웃을 해서 가는 고객이다.

테이크아웃 고객은 되도록 빨리 음료를 받아가기를 원할 것이고, 매장 고객은 어떤 서비스를 받느냐가 더 중요할 것이다. 또, 출근시간이나 식사시간에는 짧은 시간 내에 많은 고객을 어떻게 대응할까가 중요하고, 그 외의 시간에는 어떤 서비스와 분위기를 제공해야 손님이 들어올지 고민해야 할 것이다. 단골 방문 고객과 1회성 방문 고객의 차별화를 어떻게 할지도 관건이다.

즉 어떤 고객을 주요 목표로 삼느냐에 따라 운영 방식도 바뀔 것이다.

고객을 어떻게 모셔올지, 어떻게 유지할지도 다양한 방법이 있다. 이를테면 직접 홍보 전단지를 돌릴 것인지, 페이스북이나 인스타그램과 같은 SNS를 통해 홍보할 것인지, 아니면 둘 다 병행할 것인지 방법을 선택해야 한다.

또 단골 방문 고객을 계속 오게 하려면 어떤 이벤트나 서비스를 제공해야 할지, 하루 종일 카페에 머무는 사람은 어떻게 대응할지, 어린아이나 애완동물을 데리고 오는 경우에는 어떻게 할지도 생각해봐야 한다. 특히 어린아이는 장난이 심하면 주위의 다른 고객과 마찰을 부를 수도 있고, 사고가 발생하면 지역 커뮤니티에 안 좋은 평가가 올라갈 수 있으므로 키즈 존을 마련한다던지, 사전에 양해를 구하는 등 특별한 주의가 필요하다.

## [ 수입의 영역 ]

이제 카페를 통해 얼마나 벌 수 있을지 생각해보자.

자신이 예상하는 음료, 빵이나 과자류, 간단한 샐러드 등 메뉴별 단가에 판매량을 적용하면 대략의 매출을 예상할 수 있다. 내가 원하는 매출을 올리기 위해 음료를 몇 잔 팔아야 할지, 다른 메뉴는 얼마나 팔아야 할지 대략 감을 잡아보자. 그러면 우리 카페를 방문할 손님의 숫자도 대략 알 수 있을 것이다.

금전적인 경우 말고도 방문한 손님들과 친교를 나누거나, 정말 커피가 좋아서 바리스타가 되기 위해 카페를 열 수도 있다. 일부러 카페의 운영시간을 여유 있게 해서 제2의 일을 병행할 수도 있다. 물론 이 모든 것들은 매출과 직간접으로 연결된다. 내가 생각하는 가치에 따라 다각도로 검토해보자.

**[ 비용의 영역 ]**

카페를 운영하자면 매장 공간이 있어야 하므로, 기본적으로 임대료가 발생한다. 대개의 카페는 1층에 위치하므로 상대적으로 임대료가 높은 편에 속한다. 상권에 따른 권리금은 상황에 따라 반영토록 하고, 매장의 인테리어를 조성하는 데에도 비용이 발생한다. 운영을 하면서 매달 수도와 전기 등 각종 공과금이 발생할 것이고, 식음료를 만들기 위한 재료비도 있다. 인건비 또한 가볍게 넘길 부분은 아니다. 심지어 아르바이트생이 제일 돈을 많이 번다는 우스갯소리도 있다. 1명이냐 2명이냐에 따라 비용에 큰 차이가 발생하고, 4대 보험 등의 문제는 경험자의 조언이 필요하기도 하다.

이런 비용들과 모두 연결되는 게 자신의 시간 투자다. 내 시간을 투자할 수 없다면 고스란히 금전 비용으로 지출하는 셈이다. 여유롭게 책과 음악을 듣던 카페 사장의 이미지와 정반대가 될 수도 있다. 휴일에도 문을 열 것인지 따져보자.

이상의 네 가지 영역을 요약해보면 다음과 같은 설계도로 정리할 수 있다. 정리하는 과정에서 보았듯이, 단편적인 항목들을 살펴보는 것보다 구체적인 요소들을 현실적으로 검토할 수 있다. 뿐만 아니라 그 과정에서 비용과 시간 등 서로 균형을 따져봐야 할 것들을 비교해볼 수도 있다. 무엇보다 중요한 것은 내가 어느 것에 가장 큰 가치를 부여하느냐이다. 우리가 이미 살펴본 공헌과 사명을 잊지 말고 미래를 설계해보자.

## [ 창업 설계도 실습 ]

**카페 창업 전문가의 생애설계도**　　　　　　　작성일 : 20XX 년 XX 월 XX 일

| [ 자신 ] | [ 고객 ] |
|---|---|
| ● 사람들과의 친화력<br>● 하루 종일 서서 일하는 체력<br>● 일 잘하는 알바생의 도움<br>● 카페에서 일해본 경험<br>● 카페 창업자 모임<br>● 카페의 사장이자 직원 | ● 매장 고객 - 서비스 제공<br>● 테이크아웃 고객 - 빠른 시간<br>● 피크타임 대응 방법<br>● 단골 고객과 1회 방문 고객의 차별화<br>● 홍보전단 / 소셜네트워크서비스<br>● 어린이, 애완동물 허용 여부 |
| [ 비용 ] | [ 수입 ] |
| ● 임대료, 권리금, 인테리어 비용<br>● 공공요금, 식음료 재료비<br>● 인건비<br>● 나의 시간 투자 비용<br>● 휴일 운영 여부 | ● 음료, 빵, 과자, 샐러드 단가×판매량<br>● 예상 방문 손님 수<br>● 손님들과의 친분<br>● 바리스타의 꿈<br>● 카페 운영 시간 |

# 두 번째 실습,
# 또 다른 일 - 전직(轉職)

두 번째 사례로 살펴볼 영역은 '전직(轉職)'이다. 기존에 하던 일이나 직무를 바꾸어 직장을 옮기는 것이다. 생애설계도의 궁극적인 목표는 아니지만, 아직 미래가 불확실하거나 중간 단계로 반드시 꼭 해봤으면 하는 일들을 검토해보는 장이다.

특히 이 책의 시대적 상황인 반퇴시대는 완전한 정년퇴직이 아닌, 때 이른 조기퇴직에 대한 준비를 해야 하므로 반퇴 이후 정년의 나이까지 직장생활을 계속하는 전직을 준비할 수도 있다. 오히려 기존에 해오던 일에 비해 시야가 더 넓어지거나 다양한 경험을 해볼 수도 있어서 경력관리 측면에서 도움이 될 수도 있다.

일단 A라는 회사를 다니다가 B라는 회사로 직급을 올려 이동하는 경우를 가정해보자. 대기업 부장 직급에서 중소기업 임원 직급으로 옮기는 사례가 많은데, 같은 직급으로 옮긴다 하더라도 업무의 영역이 넓어지는 경우가 많다. 지난 사례와 마찬가지로 '자신 - 고객 - 수입 - 비용'의 영역으로 나누어 살펴보겠다.

### [ 자신의 영역 ]

우선 제일 먼저 확인할 것은 직무와 관련된 능력이다. 바로 다음에 살펴볼 고객을 잠깐 떠올려보면 내가 하는 업무와 관련된 협력사이거나 비슷한 업종의 회사일 확률이 높다. 내가 그 고객사에 줄 수 있는 가장 큰 도움은 그동안 쌓아온 나의 경험치인 셈이다. 어떤 일이나 과정을 진행하면서 적용하는 프로세스나 인적/물적 자원관리 방법 같은 것들이다. 이렇게 일을 통한 경험으로 쌓인 능력을 일반적으로 직무역량(Job Competency)이라고 한다.

국가직무능력표준(NCS-National Competency Standards)이나 교육 관련 산업에서는 직무역량의 능력단위를 측정하는 세 가지 요소로 지식(Knowledgement), 기술(Skill), 태도(Attitude)를 꼽는다. 다시 말해 어떤 사람이 얼마나 그 일을 잘 해낼지는 그 사람의 지식/기술/태도를 평가해보면 알 수 있다는 것이다.

예를 들어 기계설비를 다루는 엔지니어라면 설비가 동작하는 물리적인 원리나 재료의 특성에 대한 지식, 설비를 조작하거나 고장 발생 시 수리할 줄 아는 기술, 얼마나 공부하고 후배를 양성하는가 등의 태도를 종합적으로 보는 것이다. 단, 내가 알고 있는 지식이나 기술이라 하더라도 현재 다니는 회사의 기밀이나 지적 자산을 유출하는 비도덕적인 범위를 넘지 않아야 한다. 이 외에도 자신을 도와줄 다양한 인맥 네트워크, 업무와 관련 있는 전공 학위나 기술자격 등도 내가 가진 자산에 속할 것이다.

## [ 고객의 영역 ]

이제 고객의 영역을 살펴보자. 이번 사례는 협력사나 그에 준하는 회사로 옮기는 것을 가정했다. 이런 경우 고객사의 목적은 자기 회사에 없거나 부족한 역량을 보완하기 위한 것이다. 그렇다면 고객사의 목적을 사전에 정확히 파악할 필요가 있다. 기존 업무협력을 위한 컨설팅을 통해 고객사의 현재 수준을 파악할 수도 있고, 해당 회사의 임직원과 인터뷰를 해보거나, 고객사에 양해를 구하고 현장을 직접 둘러볼 수도 있다. 다시 말해 고객사에게 어떤 부분을 공헌할지 미리 염두에 두어야 한다는 것이다. 막연히 이전 회사에서 하던 일을 계속한다던지, 일단 옮기고 나서 찾아보자는 식의 제안은 서로에게 도움이 안 될 수 있기 때문이다.

직급을 올려서 간다면 업무의 영역이 늘어나는 경우가 많다. 예를 들어 임원급 제안이라면 기술/인사/경영의 영역을 모두 아우르는 역할을 요청하기도 한다. 그동안 엔지니어의 업무를 해왔다고 가정해보면, 새로운 회사에서는 조직 관리를 맡아 인사업무를 해야 할 수도 있고, 회사의 경영과 실적을 위해 영업 지원 업무를 추가로 맡을 수도 있다. 즉, 고객사에서는 나의 능력을 보다 높이 평가해서 기대치를 높여 잡을 수 있는 것이다. 경우에 따라서는 고객사가 요청하는 내용이 나의 가치관이나 사명과 맞지 않을 수 있다. 최소한 이것만은 지켜야 하겠다는 자신만의 원칙을 가지고 소신껏 계획을 세울 필요가 있다.


## [ 수입의 영역 ]

아마 수입은 개인적으로 예측하기가 어려울 것이다. 예상 능력에 대한 연봉으로 계약해서 진행하는 경우가 많고, 단순히 금전 외에도 다양한 옵션을 제안할 수 있기 때문이다. 예를 들어, 새로 생긴 업체라면 스톡옵션 등으로 향후의 성장에 대한 이득을 나누자고 할 수도 있고, 회사가 가족 같은 분위기의 끈끈한 정이 있다면 금전적 수입과는 다른 선택의 기준이 될 수도 있기 때문이다.

미래에 또 다른 일을 준비하는 과정에서 꼭 거쳐야 할 단계라면 일시적인 수입의 감소는 수용 가능할 것이다. 다시 말해 금전적인 수입 외에도 미래의 가능성과 일에 대한 보람 등 비금전적인 수입도 함께 고려하는 게 좋다.


## [ 비용의 영역 ]

비용 또한 수입과 마찬가지로 개인의 특성에 따라 다양하게 나올 것이다. 자신의 영역이나 고객의 영역에서도 얘기한 바와 같이 업무 영역이 늘어난다면 그에 대한 금전과 시간의 투자가 필요할 수 있다. 인사나 경영을 위한 별도의 교육이나 학습에 투자하거나, 반대로 기술직 업무를 수행하지 않은 사람이 기술 분야를 맡을 때에도 해당 지식이나 기술을 습득하기 위한 노력 비용이 발생한다.

출장이나 파견 등으로 가족과 함께하는 시간이 줄어들거나, 자기계발을 위한 시간이 줄어들 수도 있다. 이렇게 비용의 영역에서 발생하는 항목들과 수입의 영역에서 발생하는 항목들을 비교하여 이득과 손실을 따져보아야 한다.

위의 네 개 영역을 다시 정리 요약해보면 아래와 같다. 정답이 명확히 정해져 있는 것은 아니다. 또한 전직은 대개 다음 단계를 위한 중간 과정에서 준비하는 단계이므로 전직 이후의 목표까지도 참조하여 설계도를 작성할 필요가 있다. 아울러 전직 성공의 가장 중요한 키포인트는 철저하게 나의 눈높이와 관심을 고객사에 맞추는 것이다. 내가 더 많이 알고 있다는 자만감이나 무조건 나의 방식이 옳다고 고집하는 것은 실패로 가는 지름길이다. 전직 또한 새로운 영역에의 도전인 만큼 보다 여유 있게 일을 대하는 시각이 필요하다.

## [ 전직 설계도 실습 ]

○○**분야** ○○**담당 임원의 생애설계도**　　　　작성일 : 20XX 년 XX 월 XX 일

| [ 자신 ] | [ 고객 ] |
|---|---|
| ● 지식역량 - 설비 동작 원리, 재료의 특성<br>● 기술역량 - 설비 조작, 고장 대응 방법<br>● 태도역량 - 역량 업그레이드, 후배 양성<br>● 인맥 네트워크<br>● 관련 전공 학위, 기술 자격 | ● 대상 회사<br>● 목적 파악 - 컨설팅 / 인터뷰 / 현장 방문<br>● 예상 직무(확대, 추가 고려)<br>● 회사의 가치관, 소명<br>● 필요 시기, 시점 |
| 비용 ]<br>● 추가 교육, 학습<br>● 출장, 파견에 대한 가족들의 동의<br>● 헤드헌터 비용<br>● 직무 부담 스트레스 | [ 수입 ]<br>● 예상 연봉<br>● 성장 분배(스톡옵션)<br>● 가족 같은 분위기<br>● 미래 성장을 위한 경험 |

# 세 번째 실습,
# 배우는 일 - 학업

이번에는 미래에 대한 설계도 중에서 조금 색다른 사례를 살펴보겠다. 바로 '공부'다. 경우에 따라서는 현재 하는 일을 그만두고 공부에 도전하기도 하고, 일과 병행해서 공부하기도 한다. 홀로 하는 독학에서부터 전공 학위나 MBA 취득까지 공부의 목적과 형태도 무척 다양하다. 제도권 학교가 있는가 하면, 개인적 관심으로 모인 공동체 학습 모임이 있을 수도 있다. 하지만 우리는 미래의 생애 설계를 다루고 있으므로, 현재 하는 일을 그만두고 전공분야에 도전하는 사례를 살펴보기로 하겠다. 즉, 다니던 직장을 그만두거나 휴직을 하고 대학원에 진학하는 사례로 가정한다. 만약 일과 학업을 병행하는 경우라면 설계도를 일과 학업으로 따로 나누어 작성해보면 될 것이다.

## [ 자신의 영역 ]

대부분 어린 시절을 거쳐 청소년기까지 의무적으로 제도권 학교교육을 받아왔기 때문에 공부에 대한 자기평가는 크게 어렵지 않을 것이다. 다만 성인 이후의 교육은 목표의식과 동기부여가 어린 시절과 차이가 있다. 성인 교육은 누가 시켜서 억지로 하는 공부라기보다는 자기 필요에 의해서 또는 지적 호기심을 만족하기 위한 공부라는 점이 다르다.

따라서 굳이 공부의 적성이나 성격을 파악하기보다는 공부를 할 수 있는 기본 조건을 갖추고 있는지 확인해야 한다. 예를 들어 인문계 관련 학과를 졸업했는데 이공계 박사과정을 도전하는 것은 아무래도 어려움이 크다. 학업에 필요한 사전 지식을 보유했는지 여부가 가장 큰 항목이다. 물론 학업에 대한 열정이 크다면 거의 불가능에 도전할 수도 있지만, 본인의 현실적인 판단이 가장 중요하다. 또한 해외유학 등을 준비한다면 어학능력은 얼마나 보유했는지도 관건이다.

다음으로 나의 응원군도 확인해봐야 한다. 결혼을 했다면 배우자의 동의와 협조가 필수적이고, 자녀가 있다면 학업에 어떤 영향을 줄 것인지 생각해봐야 한다.

휴직을 고려한다면 내가 자리를 비우는 동안 회사나 동료들이 이해를 하고 도와줄 수 있는지 확인해야 한다. 또 내가 학업을 진행하는 데 실질적인 도움을 줄 수 있는 인맥도 확인한다. 해당 학교의 교수진은 어떤 평가를 받고 있는지, 관련 분야 선후배의 조언은 무엇인지, 장학금처럼 추가로 받을 수 있는 혜택은 없는지 검토한다. 다시 말해 내가 학업을 진행함에 있어 어떠한 조건이 필요하고, 어떠한 도움을 받을 수 있는지 종합적으로 살펴보는 것이다.

지금까지의 사례와는 달리 학업 사례에서는 실질적인 고객이 없다. 직접적으로 누구를 위해 공부하는 게 아니기 때문이다. 하지만 넓게 보자면 공부하고자 하는 목적의 끝에는 고객이 있다. 예를 들어 회사의 조직관리 리더십을 위해 MBA 과정에 진학했다면 회사가 고객이 될 것이다. 슈바이처 박사는 30대까지 철학과 신학을 공부한 이후 아프리카에서의 봉사를 위해 의학을 다시 공부했다. 슈바이처 박사에게 의학이라는 학업의 고객은 아프리카였다고 볼 수 있다. 또는 뒤늦게 누군가를 가르치는 것에 사명을 두었다면 교수의 길을 걷기 위해 다시 학업에 도전할 수도 있다.

군이 학업에서 고객을 확인하는 이유는 오로지 나 자신만을 위한 학업은 목표를 향한 열정도 약하거니와 고객에 대한 공헌을 통해 미래의 비전을 수립하는 게 불가능하기 때문이다. 슈바이처 박사가 단순히 돈을 더 벌고자 의학을 공부했다면, 중간에 포기하고 그냥 목사의 길을 걸었을지도 모른다.

우리가 다양한 생애설계도를 작성하는 이유는 우리의 삶이 무언가 목표를 향해 나아가기를 바라기 때문이다. 그 목표가 오로지 자신이라면, 자신의 욕망과 바람에 따라 이리저리 휩쓸려 다니는 삶이 될 것이다. 생애설계도의 등대가 되어줄 고객을 꼭 찾아보았으면 한다.


[ 수입의 영역 ]

학업은 내가 소득을 벌어들이는 활동이 아니므로 금전적 수입이 존재하지 않는다. 다만, 다음 단계에서 비용의 영역을 검토할 때 과연 비용을 감당할 수 있는가 확인을 위해서 현재 사용 가능한 금전적 자산을 정리해둘 필요가 있다. 다시 말해 수입의 영역에서 축적해둔 자산의 범위 내에서 비용의 영역을 설계해야 한다는 뜻이다. 금전적 자산 외에 학업을 통해 내가 얻을 수 있는 비금전적인 항목들도 정리해본다. 예를 들어 보유하는 지식이 증가하고, 익힌 지식을 바탕으로 새로운 일을 기획할 수 있는 시야를 얻는다던가, 새로운 인맥 네트워크를 확보하는 등 다양한 이점이 있을 수 있다.

## [ 비용의 영역 ]

수입의 영역에서는 소득이 없지만 비용의 영역에서는 고려할 항목이 많다. 기본적으로 등록금과 같은 학비가 만만치 않다. 게다가 그렇게 비용이 발생하는 기간이 길면 길수록 비용의 규모 또한 줄여야 한다. 그 외에도 서적과 자료를 구입하는 비용, 교통비와 식비 등도 추가로 발생한다. 가족 생계에 필요한 생활비는 포함할지 제외할지 각자의 판단에 맡긴다.

이렇게 발생한 비용을 모두 합산하여 수입의 영역에 정리해둔 자산과 비교하여 손익을 계산해보도록 한다. 비용의 규모를 산정하거나 필요한 자산의 축적 규모를 산정하는 데 도움을 줄 것이다.

이 영역에서 추가로 더 생각해볼 비용은 시간 비용이다. 학업은 공부하는 '시간'이 필요하다. 특히 각종 시험이나 논문 등은 정해진 기한이 있다. 경우에 따라서는 내 개인적인 시간과 겹치는 부분도 있을 것이다. 예를 들어 가족여행을 가야 하는 경우는 후일로 미루거나, 예상되는 학사 일정을 피해 잡아야 할 것이다. 다시 말해 개인적으로 하고 싶은 일들과 학업에 따라 꼭 진행할 일들의 우선순위를 어떻게 조율해야 할지 미리 생각해두라는 것이다. 즉, 우리에게 주어진 시간은 정해져 있고 그것을 효율적으로 나눠 쓰는 방법을 현명하게 검토해야 한다.

지금까지의 내용을 아래 설계도로 정리해보았다.

학업은 궁극적인 미래의 모습은 아니다. 조선시대의 선비라면 죽는 그날까지 깨달음을 위해 공부했겠지만, 공부 자체가 삶의 목적인 사람은 그리 많지 않을 것이다. 공부를 통해 달라질 삶의 모습을 확인해서 미래의 설계도를 한 번 더 작성해보기를 권한다. 학업의 목표가 달성되었다면, 그 시점에서 삶의 목표가 또 달라질 것이다.

## [ 학업 설계도 실습 ]

**○○분야 전문 연구원의 생애설계도**　　　　　작성일 : 20XX 년 XX 월 XX 일

| [ 자신 ] | [ 고객 ] |
|---|---|
| ● 관련 전공 이수 여부<br>● 어학 능력<br>● 배우자, 가족의 지원<br>● 상사, 동료의 지원<br>● 교수진 네트워크, 장학금 여부 | ● 회사 - 조직관리 리더십<br>● 미래의 공헌 대상<br>● 공헌할 수 있는 지식<br>● 사전 정보 파악<br>● 지식의 요청 시점 |
| [ 비용 ] | [ 수입 ] |
| ● 등록금, 도서구입비, 교통비, 식대<br>● 가족 생계비용<br>● 시간 활용 우선 순위(가족 vs 학업 등) | ● 보유 현금, 유동성 자산<br>● 새로운 기획에 대한 시야 확보<br>● 인맥 네트워크 확대 |

# 네 번째 실습,
# 돕는 일 - 봉사

이번 사례는 좀 특이한 사례다. 개인의 미래 꿈이 어떤 형태가 있을까 생각해보니, 누군가를 돕는 봉사의 삶을 떠올리게 되었다. 대개는 종교나 신앙과 연결되기도 하지만, 경제적 여유가 생기고 삶에 있어 남다른 의미를 찾는다면 한 번 살펴보는 것도 괜찮을 듯싶다.

지금까지 고객의 영역에서 공헌이나 도움을 다루었기 때문에 크게 낯설지는 않으나 삶 전체가 봉사를 향한다면 평범한 사람의 가치관과 조금 다를 듯싶어서 대표적 사례가 될 인물을 찾아보았다.

여러 인물 중에 선택한 사람은 고 이태석 신부다. 영화《울지 마 톤즈》로 그의 감동적인 삶이 잘 알려져 있다. 남수단 톤즈라는 곳에서 원주민을 대상으로 의학과 교육 계몽을 하면서 꿈과 희망을 전해준 분이다. 안타깝게도

2010년 48세의 나이에 대장암으로 세상을 떠났다.

그의 삶을 모델로 봉사하는 삶을 한번 살펴보도록 하겠다. 다음은 간략하게 요약한 그의 삶이다.



## [ 자신의 영역 ]

이태석 신부는 여러 가지 능력을 보유한 분이었다. 의대를 졸업하고 군 복무까지 마친 다음 다시 신부의 길을 걸었다. 그의 전기에 따르면 타고난 음악적 재능이 있었으나 가난한 집안 사정으로 대부분의 악기를 독학으로 배웠다고 한다. 청소년기에는 작곡도 했는데, 그것 때문인지 수단에서 밴드를 조직하여 원주민 청소년들에게 꿈과 자신감을 불어넣기도 했다.

학교를 세우고 우물을 만들고 병원을 지으며 자신이 머무른 곳을 끊임없이 개선하는 열정도 있었다. 봉사와 공헌을 마음에 새기는 사람들은 대개 종교의 힘이 크게 영향을 미치는데, 이태석 신부는 게다가 사제였기에 삶 자체가 공헌이었다.

봉사하는 사람들의 특징은 자신의 영역에 있는 것들을 아낌없이 공헌한다는 것이다. 그 능력이 무엇이건 상관없다. 그리고 부족한 자신의 능력을 어떻게든 늘리려고 노력한다. 예를 들어 집짓기 봉사를 위해 집짓기 기술을 새로 배우거나, 아이들에게 음악을 가르치기 위해 악기를 배우는 방식이다. 그래서 봉사자는 가능한 한 자신의 영역에서 많은 항목을 도출하면 좋고, 또한 그렇게 하려고 노력한다. 이태석 신부도 의사이자, 군대 경험도 있고, 토목기술자이자 농부, 교육자, 음악가 등 다방면의 능력을 지녔다.

특이한 점은 봉사를 시작하기 전에는 그냥 군의관 경험이 있는 의사이자 신부일 뿐이었다는 것이다. 나머지 능력은 나중에 그가 직접 배우거나 계발한 것들이다. 다시 말해 공헌하려는 사명감이 무엇보다 중요하다.

## [ 고객의 영역 ]

봉사하는 삶에 대한 설계도이므로 여기서 고객은 공헌하려는 대상이다. 이태석 신부에게는 수단 톤즈에 살던 원주민들이었겠지만, 아마도 그 대상이 전 세계 사람들이라 해도 상관없을 듯하다. 신부라는 목회자의 특성상 신의 부름에 응답하여 어디든 갈 수 있기 때문이다. 다시 말해 아직 그 종교를 접하지 않은 사람들을 찾아 주로 오지에 해당하는 지역으로 발령을 받는 것뿐이다.

따라서 어떤 이유로 공헌할 고객이 바뀐다면 생애설계도를 다시 업그레이드해야 할 것이다. 종교에 의한 부름이 아니라면 내가 공헌할 대상을 어떻게 찾아야 할지도 주요한 검토 대상이다. 내가 속한 단체의 도움을 받을 수 있고, 평소에 내 가치관과 사명에 따라 늘 관심을 갖고 세상을 지켜봐야 한다.

## [ 수입의 영역 ]

봉사하는 일은 대개 보수가 없거나 꼭 필요한 부분만 지원을 받기 때문에 수익활동을 크게 고려할 필요는 없다. 하지만 외부 지원이 없어서 자체적으로 수익을 발생시켜야 한다면 얘기가 달라진다. 봉사라기보다는 내가 사업을 하는 CEO와 다를 바 없기 때문이다. 그러한 경우에는 수익활동과 봉사활동을 구분하여 설계도를 작성할 필요가 있다.

봉사활동에 있어서의 수입은 금전적 측면보다는 어떠한 사명과 보람을 느낄 수 있는지 확인해야 한다. 아마도 설계도의 네 개 영역 중에서 가장 의미 있는 키워드가 이곳 수입의 영역에 나타나야 할 것이다. 자신의 영역에 있는 능력과 고객의 영역에 있는 공헌 대상은 언제든 바뀔 수 있으나, 수입의 영역에서 내가 지향하는 가치는 변함이 없기 때문이다.

## [ 비용의 영역 ]

수입은 본인의 가치관에 따라 다양하게 해석될 수 있지만 비용은 보다 현실적인 문제다. 생계와 관련된 비용이 있을 수 있고, 경우에 따라 위험한 환경을 감수해야 하기도 한다. 금전적 비용 대신 육체적 노동과 시간의 투자가 필요할 수도 있다.

예를 들어 중노동을 해야 하는데 체력이 약해 중도에 그만두거나, 위험지역이라 접근 자체가 불가할 수도 있다. 다시 말해 봉사활동을 지속할 수 있는 조건이 무엇이고, 그 조건에 부족한 부분은 없는가 검토해야 한다.

이태석 신부 또한 아프리카 오지의 전쟁지역에서 어떻게 문제들을 해결해야 할까 늘 고민했을 것이다. 다행히 원주민과 함께한 노력으로 많은 어려움을 헤쳐 나갔지만, 의사이면서도 본인의 대장암 발병 사실을 확인하지 못해 40대 후반의 나이로 생을 마감하고 말았다. 물론 그러한 것조차 신의 뜻으로 받아들일 수 있겠지만, 봉사의 삶을 오래 지속해서 더 많은 사람에게 희망을 주기 위해서라도 예상되는 리스크는 충분히 검토하자.

이상의 내용을 바탕으로 설계도를 정리해보았다. 봉사라는 특징 때문에 특정 인물의 설계도를 만들어보긴 했으나, 그분이 살아계셨다면 아마도 이런 삶을 지향하지 않았을까 생각해본다. 그리고 더 넓게 본다면 우리의 삶도 누군가에게 도움이 되고 희망을 준다면 그것만으로도 큰 의미를 갖는다. 기왕 한번 도전하는 삶이라면, 나에게도 타인에게도 의미 있는 삶이 더 멋지지 않을까?

## [ 봉사 설계도 실습 ]

### 이태석 신부의 생애설계도

작성일 : 20XX 년 XX 월 XX 일

| [ 자신 ] | [ 고객 ] |
|---|---|
| ● 의사, 천주교 사제<br>● 군대 복무 경험<br>● 악기 연주<br>● 새로운 기술 습득 능력(농사, 집짓기 등)<br>● 봉사에 대한 열정 | ● 수단 톤즈 원주민<br>● 하늘의 뜻(종교적 이유)<br>● 교황청의 발령 및 관리<br>● 선교 및 환경 개선<br>● 청소년 꿈 심어주기 |
| [ 비용 ] | [ 수입 ] |
| ● 생계 비용<br>● 육체적 노동(체력)<br>● 오지 의료 환경(대장암 뒤늦게 발견) | ● 사제 수당<br>● 종교적 소명<br>● 봉사에 대한 보람 |

방황하는 직장인을 위한 생애설계도

# PART 5

# 삶의 목표를
# 확인하라

# 널리 알려야 실행력을
# 높일 수 있다

회사에서 사내 교육업무를 진행하면서 가장 힘들었던 점은 사람을 모으는 것이었다. 교육을 해줄 강사를 선정하는 것도 어려웠지만, 교육을 받을 입과자를 모집하는 것도 어려웠다. 업무를 보는 시간에 교육을 해야 했기 때문이었다. 퇴근시간 이후나 휴일에 하는 것은 원칙적으로 불가였다.

그러다 보니 늘 교육은 업무에 순위가 밀리기 일쑤였다. 그래서 교육은 경영진의 의지가 중요했다. 직원은 교육을 받고 싶어도 업무 조정이 어려우면 어쩔 수 없이 교육을 포기하게 된다. 결국 업무 조정은 부서장이나 팀장이 해주어야 하고, 그러자면 임원 이상의 경영진이 교육의 우선순위를 정해주어야 한다.

10여 년간 교육업무를 맡으면서 교육과정을 기획할 때 콘텐츠 못지않게 중요한 것이 스폰서라는 것을 깨달았다. 임원 이상의 스폰서가 교육에 힘을 보태면 생각보다 수월하게 일이 풀렸다. 교육뿐 아니라 대부분의 일이 마찬가지다. 그래서 보고대상을 설득하기 위해 기획안의 작성과 발표에 공을 들이게 된다. 그렇게 스폰서의 결재를 받아 공지를 하면 교육은 다 된 것이나 다름없다. 그럼에도 교육에 불참하는 경우는 스폰서도 인정할 만큼 긴급한 사안이기 때문이다.

스폰서의 결재를 받는 것은 업무를 수월하게 하려 하는 목적도 있지만, 나 스스로 강제성을 부여하려는 목적도 있다. 만일 누구의 도움도 없이 조용하게 일을 처리한다고 가정해보자. 아무도 모르기 때문에 그 일은 해도 그만, 안 해도 그만인 일이 된다. 강력한 자기관리를 하는 사람이 아니고서는 하늘과 나만 알고 있는 일을 열심히 추진하기란 쉽지 않다.

대표적인 사례가 금연이다. 담배를 끊겠다고 혼자 다짐을 해봐야 내가 그 약속을 폐기하면 그뿐이다. 하지만, 주변 사람 모두에게 선언을 하게 되면 얘기가 달라진다. 사방에 감시의 눈초리가 생기게 되고, 내가 거짓말쟁이가 되지 않기 위한 노력을 끊임없이 해야 한다.

'병은 널리 알리는 게 좋다'는 격언도 마찬가지다. 알리면 알릴수록 병에 대한 조언과 도움을 받을 수 있기 때문이다. 널리 알리는 것의 힘이다.

사람에 따라 호불호가 나뉘기는 하지만, 나는 일상생활을 거의 SNS에 공유하는 편이다. 게다가 1인기업의 특성상 나 자신의 브랜드 홍보를 위해서도 적극 활용하고 있다. 브런치에 기고한 글을 페이스북으로도 공유하고, 교육을 받거나 강의를 했던 날에는 현장 사진과 함께 간략한 내용을 올린다. 관련 댓글이나 좋아요 반응 등을 확인해보면, 나와 연결된 사람의 수에 비해 그다지 많은 반응이 있는 것은 아니지만, 직접 오프라인에서 만나 얘기를 나눠보면 생각보다 많은 사람들이 내가 요즘 무엇을 하고 있고, 어떤 것에 관심이 있는지를 얘기해주어 깜짝 놀랄 때가 많다. 그래서 근래에는 SNS에 무언가를 공유할 때 보이지 않는 많은 시선이 나를 향해 있음을 생각하여 신중하게 검토를 하게 되었다.

이렇게 보이지 않는 SNS의 힘이 나에게 영향을 준 사례가 있다. 나는 아침마다 5킬로미터 정도를 달린다. 집 근처에 위치한 공원 내 축구장 트랙을 달리는데, 주말은 물론이고 세찬 비가 내리지 않는 한 비가 오는 날에도 나간다. 처음에는 건강을 위한 운동 차원에서 일주일에 한두 번 정도 달리곤 했는데, 1인기업으로 독립한 이후에는 매일 달리게 되었다.

회사 다닐 때와 비교해서 출근시간이 약간 늦어지기는 했어도, 달리는 시간대 자체는 거의 일정하다. 1인기업 이후로 출근시간을 자유롭게 정할 수 있어 달리기 또한 여유가 생긴 셈이다. 하지만 매일 달리다 보니 어느덧 일상의 습관으로 자리를 잡았고, 달리기가 끝난 이후 SNS에 올리는 것도 일상이 되었다.

사람들의 일상에 휴대폰 또한 깊숙하게 자리를 하면서, 운동과 관련된 휴대폰 앱 프로그램도 많이 생겨났다. 이러한 프로그램들의 공통된 특징은 운동의 결과를 SNS에 올리는 기능을 탑재하고 있다는 점이다.

인터넷에 축적된 자신의 기록에 대한 통계치를 제공하기 때문에 스스로에게 동기부여가 되기도 한다. 나의 경우에는 지도상에 표시된 달리기 코스, 달린 거리와 시간, 소모한 열량까지 보여준다. 이러한 데이터를 간단한 조작으로 SNS에 공유할 수 있어, 내가 몇 킬로 달렸다는 얘기를 올리는 것보다 재미있고 신뢰감을 준다. 이렇게 매일 달리기 상황을 몇 달에 걸쳐 올리다 보니, 많은 사람들이 나의 달리기 습관을 알게 되었다.

처음에는 재미 삼아 올렸던 것인데, 시간이 지날수록 달리기 사실 공유가 새로운 변화를 가져왔다. 바로 나 자신이 SNS를 의식하게 된 것이다. 초기에는 가끔 귀찮거나 컨디션이 조금 안 좋으면 달리기를 빼먹기도 했다. 아마 그때에는 내가 달리기를 안 해도 사람들이 눈치 채는 일은 많지 않았을 것이다. 하지만 지금은 많은 사람들이 나를 '매일 열심히 성실하게 달리는 사람'으로 알고 있다. 댓글에서도 대단하다거나 본인도 반성을 한다는 내용이 자주 보인다. 이를테면 개인적인 브랜드가 중요한 요즘 시대에 큰 홍보효과를 거두는 이벤트 역할을 해내고 있다. 가끔 내가 이러한 강연을 한다고 올리는 것보다 매일 꾸준히 무언가를 계속하는 사람의 이미지가 더 나은 셈이다.

아마도 그냥 나 혼자 조용히 달리기를 계속했더라도 매일 달리는 것이 일상의 습관이 되었을 수 있다. 하지만 SNS에서 지켜보았을 많은 시선들이 나를 격려해 준 것이 큰 영향을 미친 것도 사실이다. 금연이나 금주를 하는 데 가장 효과가 큰 방법이 주위에 그 사실을 널리 알리는 것인 것처럼. 이렇듯 달리기 사례를 통해서 보이지 않는 격려와 동기 부여의 힘을 깨달았다. 그래서 주변에도 이런 방법을 적극 추천한다. 내가 무언가 목표를 정하고 꾸준히 하고자 하는 끈기가 필요할 때에는 우선 널리 알리는 것부터 시작해야 한다.

아프리카 속담에 "빨리 가려면 혼자 가고 멀리 가려면 함께 가라"라는 말이 있다. 나의 미래를 위해 계획한 일들은 대부분 빨리 가기보다 멀리 가야 할 것들이다. 비록 그 일을 함께 하는 사람들이 아닐지라도 힘든 시기를 함께 하며 큰 격려와 지지를 보내줄 것이다. 함께 가기 위해서, 가능한 널리 알려라.

## ⬇ 세 줄 요약

- 내 일을 널리 알리면, 타인의 시선으로 인해 게으름에 빠질 수 없다.
- 알린다는 것은 내 브랜드를 홍보하는 것이다.
- 많은 사람들이 알게 될수록 받는 도움도 커진다.

# 행복은 우연히 오지 않고 노력해야 온다

아들은 초등학교 3학년이다. 친구들은 대부분 한창 사춘기에 접어든 중고등학생 자식들을 두고 있는데, 상대적으로 내 아들이 어린 편이다. 대화조차 꺼리는 사춘기에 비해 아직 우리 아들은 나와 같이 놀고 싶어 한다. 그런데 마흔이 훨씬 넘은 아빠의 입장에서 열 살 아들의 눈높이를 맞추기가 쉽지는 않다. 내가 보기에는 유치하기 짝이 없는 만화와 게임의 주인공들을 꿰뚫고 있어야 하고, 게임을 할 때에도 내가 무조건 이기면 안 된다.

요즘 아들이 푹 빠진 것은 축구와 포켓몬 게임이다. 동네에 작은 공설운동장이 있어 주말에는 낮 시간의 절반 이상을 축구로 보낸다. 운동장 전체를 가로지르며 달리는 게 아니라 골대 뒤편 공간에 우리들만의 골대를 만들어 놓고 1:1로 공격과 수비를 번갈아 하는데, 수시로 양 골대를 오가는 것도 체력 소모가 만만치 않다.

포켓몬 게임은 카드 형식으로도 하고, 휴대폰 게임으로도 즐긴다. 길거리에서도 수시로 게임을 하는 게 문제가 되기 때문에 절대로 혼자 하는 것은 금지하고 나와 함께 돌아다닐 때에만 허락했다. 포켓몬이라는 귀여운 괴물(몬스터)을 키우는 게임인데, 수시로 나타나는 괴물 중에서 인기 높은 녀석들을 많이 잡아야 하고, 능력을 업그레이드하기 위해 필요한 별의 모래라는 것을 얻기 위해서는 많은 포켓몬을 잡아야 한다. 상대적으로 사람이 많은 곳에 포켓몬이 자주 나타나기 때문에 내가 서울로 출퇴근할 때 종종 게임을 대신해주기도 한다. 덕분에 나도 200마리가 넘는 포켓몬의 이름과 특징을 외우게 되었다. 아들과 나의 대화를 듣는 아내에게는 외국어를 말하는 것처럼 들렸을 것이다.

자녀와 친하게 지내고 싶은 것은 아마도 모든 부모의 바람일 것이다. 하지만 그 바람은 결코 쉽게 이루어지지 않는다. 내 경우에는 주말에 뻘뻘 땀을 흘려가며 같이 뛰어주고, 유치하다고 생각되는 게임 캐릭터를 공부해야 한다. 누군가와 사이좋게 지내려면 그 사람에 대한 관심을 가져야 한다는 지극히 당연한 진리를 매일 실감한다.

책의 원고를 마무리하는 요즘은 사무실에서 밤늦게 퇴근하는 경우가 많은데, 나를 기다리다가 지쳐 잠들었다는 아들의 얼굴을 볼 때마다 가슴이 짠해진다. 아마도 자신과 친해지고 싶은 아빠의 진심을 이제는 이해했기 때문에 늘 나와 놀고 싶은 게 아닐까? 부쩍 체력과 지능이 높아진 아들을 볼 때마다 과연 내가 언제까지 저 녀석과 잘 놀아줄 수 있을까 살짝 걱정이 되기도 하지만, 내 마음을 이해하는 아들이 분명 나를 한 수 접고 봐주리라 생각한다.

나는 직장을 다닐 때는 물론 지금도 강의를 무척 좋아하지만, 언제나 강의 직전까지는 잘할 수 있을까 긴장되고, 사람들이 과연 재미있게 들어줄까 걱정한다. 그럼에도 막상 강의를 시작하면 내가 언제 그랬나 싶을 정도로 힘이 나고, 하고 싶은 얘기도 술술 나온다. 내 얘기에 귀를 기울이는 눈빛들에게 감사하고, 어떻게 하면 한마디라도 빼먹지 않고 전달할 수 있을까 배려하기 때문이다. 그래서 나에게는 여러 가지 일 중에서 제일 재미있고 행복한 일이 강의다.

하지만 이렇게 나에게는 재미있는 일이 누군가에는 스트레스가 될 수도 있을 것이다. 사람 앞에 나서는 게 싫고, 무슨 말을 해야 할지 모르겠고, 듣는 사람들이 지루해서 졸고 있는 상황에 상처를 받을 수도 있다. 이를테면 누군가에게는 행복한 일이 누군가에게는 고통이 될 수 있는 것이다. 사람에 따라 행복한 일이 모두 다른 셈이다.

나의 사례로 강의를 들긴 했지만, 나도 강의가 처음부터 재미있었던 것은 아니었다. 원래 나는 무척 내성적인 성격을 지녔고, 사람들 앞에 나서기를 부끄러워했다. 처음으로 강의를 했던 날은 아침에 일어나 출근하기조차 싫었다. 그냥 강의하는 시간이 타임머신처럼 지나서 끝나는 시간이 되어 있기를 상상했다.

그런 쿵쾅거리는 가슴을 감추고, 떨리는 목소리로 두 시간의 강의를 마쳤는데, 지금 와서 생각해보면 떨렸다는 기억뿐, 무슨 말을 어떻게 했는지조차 기억이 나지 않는다. 하지만 그 후로도 계속 같은 내용의 강의를 하다 보니 나중에는 화면을 보지 않고도 내용을 외울 정도가 되었다. 이것이 바로 나에게 '강의는 노력하면 잘할 수 있다'라는 자신감을 심어주는 계기가 되었다.

초보운전 시절에는 오직 전방만 쳐다보고 사이드미러나 백미러를 쳐다볼 여유가 없다. 그러다 익숙해지면 느긋하게 옆이나 뒤도 보아가면서 운전을 하게 된다. 이와 마찬가지로 같은 내용의 강의를 오래 하다 보니 어느새 청중들의 눈빛을 하나하나 살피고, 강의 중에 농담을 끼워 넣을 정도로 여유가 생겼다. 그러다 보니 어떻게 하면 내용을 새롭게 바꿔볼까 연구하게 되었다. 청중의 입장에서 상상을 해보기도 했고, 강의 후 설문조사를 하거나 쉬는 시간에 인터뷰를 나눠보기도 했다. 이제 강의는 그 옛날의 울렁증을 넘어, 무언가 새로운 시도에 대한 재미와 행복을 준다.

강의를 통해 내가 느꼈던 것은 행복이 어느 날 갑자기 찾아오는 게 아니라 꾸준히 노력해서 얻을 수 있다는 거였다. 돌이켜보면 직장에서의 모든 일이 행복한 것은 아니었다. 나의 뜻과 달리 회사나 상사의 뜻에 따라 억지로 해야 했던 일도 있고, 나의 뜻대로 하더라도 인정이나 칭찬을 받지 못해 서운한 적도 있었다. 물론 인정을 받지 못하더라도 사명감에 따라 묵묵히 했지만, 좋은 결과를 거둘 때 기분이 더 좋은 것은 사실이었다.

만약 일을 재미있게 한다면 회사를 다니는 것이 조금은 더 수월할 것이고, 월요일 아침이라 할지라도 회사에 가고 싶은 힘을 얻을 것이다. 하지만 오로지 월급을 받겠다는 목적으로 회사에 간다면 얼마나 서글픈 일인가?

회사일에서 행복을 찾기는 어려운 일이지만, 전혀 불가능한 것은 아니다. 우선 자신의 일을 더 재미있게 하는 방법을 찾아보거나, 지금보다 더 재미있는 일을 선택하는 방법도 있다.

돌이켜보면 나는 늘 내가 행복한 일을 준비해왔다. 회사에서의 직무 변경 외에도 언젠가 회사 밖에서의 새로운 출발을 위하여 나의 일을 끊임없이 업그레이드했다. 글쓰기와 강의 역량을 갈고닦았고, 회사 내의 네트워크뿐만 아니라, 회사 밖의 커뮤니티나 모임에도 관심을 갖고 참석했다. 즉, 현재의 자리에서 익숙함에 만족한 것이 아니라 새로운 시도를 계속했던 셈이다.

변화경영 전문가 구본형 선생의 책《오늘 눈부신 하루를 위하여》에는 다음과 같은 구절이 나온다.



새로운 시도는 결국 진정한 나의 행복을 찾아가는 여정인 셈이다.

1인기업을 시작하고 보니, 매달 월급이 나오는 것도 아니고, 누군가 나에게 일을 지시하는 것도 아니다. 그래서 사업자 등록을 하는 것도, 내 프로필을 작성하는 것조차 이 분야의 선배들에게 배워야 했다. 즉 무언가를 시작하자면 그 출발은 늘 배움에서부터 시작한다. 《논어》'술이편'에는 다음과 같은 글이 있다.



공자님도 저절로 깨달으신 게 아니라, 배워서 아신 것이다. 나는 책에 대한 욕심으로 사둔 책장의 책들을 볼 때마다 언제 다 읽을까 걱정도 하지만, 책을 읽는 시간이 제일 행복한 시간이기도 하다.

대부분의 사람들에게 익숙함을 떠나 새로운 길로 떠나는 길은 두렵다. 과연 내가 잘할 수 있을까, 나와 가족들이 어려움에 빠지지는 않을까, 떠나온 게 후회되지는 않을까 걱정한다. 하지만 지금의 삶이 행복하지 않다 느껴지고, 진정 행복한 삶을 원한다면 새로운 배움의 길을 떠나야 한다. 미국의 신화학자 조셉 캠벨은 그의 책 《신화의 힘》에서 다음과 같이 얘기했다.

> 천복(天福)을 좇되 두려워하지 말라. 당신이 어디로 가는지 모르고 있어도
> 문은 열릴 것이다.

직장을 벗어나 1인기업의 삶을 살고 있는 나에게 이 구절은 큰 힘이 된다. 돌이켜보면, 막막할 것 같은 회사 밖 광야의 삶에서도 누군가 나에게 도움의 손길을 주었고, 나 또한 누군가에게 도움의 손길을 건네고 있다. 서로 돕는 삶 자체를 행복으로 여기고 있다. 오늘도 출근한 당신. 주변을 둘러보고, 나의 행복이 과연 어디에 있을까 한번 생각해보자. 그렇게 멀리에 있지는 않을 것이라고 믿는다.

## ⬇ 세줄요약

- 행복은 본인이 찾으려 노력하면 보인다.
- 익숙함을 벗어나 새로운 것을 시도하고 배우는 것을 두려워 말라.
- 행복을 찾는 여정에는 반드시 도움의 손길이 있다.

# 미래를 향한 출발은
# 이미 시작되었다

책을 준비하면서, 나는 언제부터 또 다른 미래를 준비하기 시작했을까 시간을 거슬러 올라가 보았다.

고백하자면, 나는 신입사원으로 입사했던 그해에 다른 직장에 입사원서를 냈던 적이 있다. 모두가 부러워하는 대기업이었음에도, 나는 조직문화가 맞지 않느니, 적성이 맞지 않느니 마음속의 온갖 핑계를 끌어다 대면서 어떻게든 직장을 옮길 방법을 찾았다. 불행인지 다행인지 서류전형조차 통과하지 못해서 결국 포기했다.

그때 내가 다른 직장으로 옮겼더라면 어땠을까 가끔씩 상상해보곤 한다. 더 재미있는 것은 그 당시에 똑같은 마음으로 원서를 접수했던 동기가 20년을 다닌 나보다 더 오래 다니고 있다는 사실이다. 오랜 시간 함께한 인연으로

막역하게 된 그 친구와는 지금도 술자리에서 가끔 그 일화를 떠올리곤 한다. 우리가 그렇게 오래 다닐 줄 몰랐다면서 말이다.

그렇다면 그때가 내가 미래를 준비하게 된 출발점이었을까? 나는 그렇지 않다고 생각한다. 왜냐하면 그 사건 이후 나의 직장생활에 큰 변화가 온 것은 아니기 때문이다. 오히려 나는 그 이후 직장을 옮기겠다는 꿈을 접고 직장생활에 더욱 매진했다. 더 이상 세상이 나를 받아주지 않는다는 사실을 깨닫고 배수진을 친다는 심정으로 회사일에 매달렸다. 덕분에 회사에서의 평가도 나쁘지 않았고, 적절한 시기에 진급도 했다.

결정적 계기는 10년차 무렵에 찾아왔다. 회사일 외에 내가 하고 싶은 일에 눈을 뜬 것이다. 그 이후 10년간 언제 올지 모를 기회를 기다리며 미래를 준비했다. 그렇다고 조바심을 가진 것은 아니었다. 그때만 해도 꼭 20년을 채우겠다는 목표가 있었던 것도 아니었다.

회사를 나와서 많이 들었던 질문 중의 하나는 "이렇게 독립을 하기까지 몇 년을 준비했나?"였다. 내가 10년을 준비했다고 대답하면 많은 사람들이 놀란다. 하지만 나는 준비기간이 중요하다고 생각하지 않는다. 10년 전으로 돌아가보면, 그때도 '이제부터 10년 후에 독립하겠어!'라고 마음을 먹은 것은 아니기 때문이다. 지금에 와서 되돌아보니 그때부터 준비를 시작한 것뿐이다.

계속 나만의 필살기가 무엇인가 연구하고, 그 씨앗이 되는 강점을 찾아 노력해왔다. 그러다 이제는 나가도 될 시점이라는 생각이 들어서 회사 밖으로 나왔다. 아마도 준비가 덜 되었다고 느꼈다면 입사 20년을 넘긴 지금도 회사를 다니고 있을 것이다. 다시 말해 독자 여러분도 스스로 모르는 사이에 이미 미래에 대한 준비를 시작하고 있는지도 모른다. 언제 그 준비를 시작했는지를 깨닫는 것은 회사를 독립한 이후에야 가능하다. 그러니 꼭 지금부터 준비를 시작하겠다고 새롭게 다짐할 필요가 없다.

지금 이 책을 읽는 독자는 회사를 다니는 시기를 언제까지로 잡고 있을까? 추측해보건대 아무 걱정 없이 회사일에 전념하고 있는 직장인이 이 책의 독자는 아닐 것이다. 다시 말해 알게 모르게 반퇴시대를 맞아 자신이 어떤 준비를 해야 하고, 직장에 대한 마음가짐을 어떻게 해야 할까 궁금한 분이라 생각한다.

나는 그 궁금증이 생긴 시점이 미래를 향한 출발점이라고 생각한다. 많은 분들이 일단 직장을 떠나 세상 밖에 홀로 선 순간을 출발점으로 생각한다.

내가 회사를 나오는 시점에서 상담 요청을 해오신 분들이 대부분 그렇게 생각했다. 바꿔 말하면, 그분들은 회사를 다니고 있는 동안은 아직 미래를 향한 출발을 하지 않았고, 지금은 언젠가 떠나기 위해서 준비하는 단계라고 생각했다. 그렇다 보니 회사와 미래를 확실히 구분 짓는 경계를 마음속에 그어놓고 있었다. 회사일은 회사일대로, 미래의 준비는 미래의 준비대로 각각의 영역을 따로 구분지은 것이었다.

회사를 나와서 바로 미래를 향해 출발할 수 있을까? 그렇지 않다.

당장 그때부터 무언가를 배우거나 새로 습득하기에는 주변 여건이 녹록하지 않다. 가정이 있는 경우에는 생활비를 비롯해 생계의 문제가 현실로 닥쳐온다. 번듯하게 성공하기를 기대하는 주변의 시선 또한 부담스럽다. 그러다 보니 프랜차이즈를 하건, 편의점을 하건 사장님이나 대표라는 호칭에 투자를 하게 된다.

문제는 이 모든 게 그동안 모은 돈과 개인의 시간을 쏟아 부어야 유지를 할 수 있다는 것이다. 게다가 언제까지 이러한 투자를 해야 할지도 불투명하다. 그동안 수많은 프랜차이즈가 떠올랐다가 사라진 것을 보면 이것 또한 적절한 타이밍을 선택해야 하는데, 모든 자영업자가 이러한 성공의 길을 갈 수 있다는 보장을 그 누가 할 수 있을까.

그에 대한 해답은 오히려 직장을 다니고 있는 시점에서 찾을 수 있다. 직장은 내가 어쩔 수 없이 다니는 곳이 아니라 내 꿈을 위한 인큐베이터 공간이라고 생각하는 시점의 전환이 필요하다. 나의 경험을 비추어 보면 직장생활의 절반이 지난 시점부터 갈고닦은 글쓰기와 강의 능력이 새로운 출발에 중요한 기반이 되었다. 물론 각자 어떠한 능력을 키우느냐에 따라 준비기간은 늘어날 수도 줄어들 수도 있다. 하지만 새로운 출발을 직장에서 하느냐, 직장을 나와서 하느냐는 하늘과 땅만큼의 큰 차이다.

아이러니하게도 미래를 대비하여 현재에 충실하다 보면 예상외로 직장에서 그 능력을 인정받기도 한다. 나의 경우를 보자면, 그동안 타 부서의 고객이 요청하면 수동적으로 대응해 왔던 교육업무에 대하여 내가 능동적으로 고객이 필요한 역량을 제시하고 교육 이후 업무의 부가가치가 오른 것을 보여줌으로써 팀의 위상을 높이는 계기를 마련했다.

이제 질문을 하나 던져보자. 미래를 위한 출발시점은 언제인가?

해답은 바로 지금이다. 혹은 이미 출발하신 분이 계실 수도 있겠다.

출발시점이 중요한 이유는 준비할 수 있는 기간을 얼마나 마련할 수 있느냐가 관건이기 때문이다. 출발이 빠르면 빠를수록 미래에 대하여 보다 철저하게 준비를 할 수 있다. 그 미래는 회사에서 높은 직책에 올라가는 것일 수도 있고, 회사 밖에서 나만의 비즈니스를 준비하는 것일 수도 있다. 하지만 미래의 모습이 어떻게 만들어지는가에 상관없이 그 주체는 내가 되어야 한다. 직장이 나의 미래를 만들어 주는 것도 아니며, 직장 또한 그것을 바라지 않는다.

이제 세상은 창조적인 생각과 그에 걸맞은 능력을 요구하고 있다. 역설적으로 직장에서 요구하는 능력이 바로 직장 밖에서 요구하는 능력이기도 하다. 직장에 머무를지 밖으로 나가야 할지는 내가 능력을 갖춘 다음에 결정할 문제다.

이 책을 펼쳐든 것만으로도 독자 여러분은 자신의 미래를 준비할 마음가짐이 되어 있다고 생각한다. 이제 필요한 것은 실행력이다.

이 책에 나온 방법을 통해 여러분만의 필살기를 만들어내기를 기원한다. 그렇게 만들어진 필살기는 다른 누구도 쉽게 자기 것으로 가져갈 수 있는 게 아니다. 치열한 자기 탐색과 미래의 고객을 바탕으로 만든 것이기 때문이다. 그에 따라 수많은 '자신'이 존재하고, 또한 그에 따라 수많은 '고객'이 존재한다. 이 둘의 조합을 생각해보면 나의 미래 또한 평범한 사람들이 선택한 미래는 아닐 것이다.

기회가 된다면 이렇게 미래를 향해 출발한 사람들끼리 모여 각자의 흥미진진한 도전의 길을 함께 공유하고 싶다. 그리고 그 길을 이미 선택한 독자 여러분께 천복의 기쁨이 함께하기를 기원한다.



- 미래를 위해 얼마나 준비했는가는 크게 중요하지 않다.
- 미래를 떠올리며 무얼 할 수 있을까 고민한 시점이 출발점이다.
- 이 책을 보시는 분들은 이미 미래를 위해 출발하신 분들이다.